Peter Kohrs

Deutsch

Grammatik

POCKET TEACHER

Cornelsen
SCRIPTOR

Der Autor
Peter Kohrs ist ein erfahrener Deutschlehrer und als Autor von erfolgreichen Lernhilfen zur Rechtschreibung und Grammatik bekannt.

Bibliografische Information der Deutschen Nationalbibliothek
Die Deutsche Nationalbibliothek verzeichnet diese Publikation in der Deutschen Nationalbibliografie; detaillierte bibliografische Daten sind im Internet über http://dnb.d-nb.de abrufbar.

4., aktualisierte Auflage

D C B A
Bibliographisches Institut GmbH
Dudenstraße 6, 68167 Mannheim

Redaktionelle Leitung: Heike Krüger-Beer
Redaktion: Dr. Anja Steinhauer, Dirk Michel, Claudia Fahlbusch
Herstellung: Andreas Preising
Umschlaggestaltung: glas AG, Seeheim-Jugenheim
Umschlagabbildung: © Teerapun Fuangtong – Fotolia.com
Satz: fotosatz griesheim GmbH, Griesheim
Druck und Bindung: fgb – freiburger graphische betriebe GmbH & Co. KG, Bebelstraße 11, 79108 Freiburg i. Br.
Printed in Germany

ISBN 978-3-411-86991-6

Inhalt

Vorwort

Liebe Schülerin, lieber Schüler!
Der handliche POCKET TEACHER bringt dir viele Vorteile: Er informiert knapp und genau. Regeln, Erklärungen, Beispiele und Tabellen – alles ist übersichtlich geordnet und leicht verständlich.

Du kannst die gewünschten Infos am schnellsten über das Stichwortverzeichnis am Ende des Bandes finden.

Stichwort vergessen? Dann schaue am besten ins Inhaltsverzeichnis und suche im entsprechenden Kapitel nach dem Wort.

Im Text deines POCKET TEACHERS findest du viele farbige Pfeile. Diese verweisen auf andere Stellen im Buch.

Lerncheck Am Ende jedes Kapitels werden die wichtigsten Inhalte in einer Checkliste abgefragt. So kannst du dein Wissen schnell überprüfen. Entdeckst du noch Lücken, dann gibt es hier Hinweise, welche Seiten du noch einmal genau lesen solltest.

Der POCKET TEACHER Deutsch Grammatik gibt dir Auskunft über die einzelnen Wortarten und über den Satz, seine Bestandteile und deren Aufgaben. Dabei geht es nicht nur um eine systematische Auflistung zur Wortlehre und Satzlehre. Dieser POCKET TEACHER informiert auch über Sprache als Kommunikationsmittel und gibt außerdem Hilfen, um die Machart von Texten besser zu verstehen und um das Schreiben zu verbessern.

Natürlich kann die POCKET-TEACHER-Reihe ausführliche Schulbücher mit Übungen und Beispielen nicht ersetzen. Das soll sie auch nicht. Sie ist deine Lernhilfenbibliothek für alle Gelegenheiten, besonders für Hausaufgaben oder für die Vorbereitung auf Klassenarbeiten und Abschlussprüfungen.

1 Sprache und Kommunikation

1.1 Funktionen sprachlicher Äußerungen

Bei der sprachlichen Kommunikation übermittelt ein Sprecher/Schreiber einem Hörer/Leser bestimmte sprachliche Äußerungen. Diese haben vor allem drei dominierende Funktionen, die oft bereits an der Wahl der Wörter und am Satzbau zu erkennen sind.

Informieren (darstellende Funktion)	Personen, Vorgänge, Gegenstände werden dargestellt; der Hörer/Leser wird informiert	Sprachliche Mittel sind z. B. Aussagesatz, Fakten, Zahlen Beispiele: Zeitungsnachricht, Sachbericht
Auffordern (appellative Funktion)	Hörer/Leser soll beeinflusst werden, er wird zum Handeln aufgefordert	Imperative, Anredepronomen, rhetorische Mittel Beispiele: Werbetext, politische Rede
Eigene Verfassung ausdrücken (Ausdrucksfunktion)	Hörer/Leser bringt seine Hoffnungen und Gefühle zum Ausdruck	Ausruf, Bewertungen, Ich-Aussagen Beispiele: Tagebuch, Gedicht

1.2 Grundsachverhalte der Kommunikation

Wichtig für jede Kommunikation sind folgende Sachverhalte:

- Jede Form von Verhalten hat einen **Mitteilungswert.** Da man sich nicht nicht verhalten kann, kann man auch nicht nicht kommunizieren.

Auch wenn jemand nichts sagt, hat dies einen Mitteilungswert. Er kann z. B. seinen Mitmenschen mitteilen: „Lasst mich in Ruhe!“ oder „Das interessiert mich nicht!“.

- Bei einer Mitteilung werden nicht nur Inhalte übermittelt, sondern auch mögliche **Beziehungen** zum Angesprochenen. Dabei spielen Betonung, Körpersprache, Wahl der Satzart, bestimmte Wörter *(auch, mal, schon, wieder)* eine Rolle.

  BEISPIEL Ein Lehrer äußert gegenüber einer Schülerin: „Darf ich mal deine Hausaufgaben sehen?“ Er kann mit dieser Frage seinen Wunsch zum Ausdruck bringen, die Hausaufgaben zu kontrollieren. Die Frage stellt in diesem Falle eine Aufforderung dar, die Hausaufgaben vorzuzeigen (↗ Satzarten, S. 75–77, und Sprechabsichten, S. 105). Auf der Beziehungsebene könnte die Äußerung von der Schülerin auch so verstanden werden: „Warum gerade ich? Glaubt er, dass ich mal wieder meine Hausaufgaben nicht gemacht habe? Hält er mich für faul?“
- Sprecher und Hörer haben oft unterschiedliche **soziale Rollen.** An die soziale Rolle sind bestimmte Erwartungen und Verhaltensweisen geknüpft.

  BEISPIEL Zwei Schüler sprechen anders miteinander als Schüler und Lehrer. Der Lehrer darf beim Schüler die Hausaufgabe kontrollieren; eine umgekehrte Konstellation wäre nicht möglich.

In der **Alltagskommunikation** gibt es oft Missverständnisse und Störungen, z. B. aneinander vorbeireden, nicht verstanden werden. Dies lässt sich zum Teil vermeiden, wenn man sich bewusst macht,

- wie man auf andere wirkt,
- welche sprachlichen Verhaltensweisen und nichtsprachlichen Interessen und Gefühle das Verhalten bestimmen,
- dass jede Mitteilung vier verschiedene Aussageebenen/Botschaften enthält.

Die vier Seiten *einer* Nachricht
(nach F. Schulz von Thun)

Erläuterung mithilfe eines Beispiels:

1. Der Sprecher **informiert** den Hörer darüber, dass er öfter angerufen hat, ohne ihn zu erreichen.
2. Der Sprecher sagt möglicherweise **über sich selbst** aus: Mir war der Anruf wichtig./**Ich** bin hartnäckig.
3. Der Sprecher könnte dem Hörer vielleicht mitteilen und damit an ihn **appellieren** wollen: Rufe mich jetzt auch mal an!/Hast du jetzt endlich mal Zeit für mich?
4. Der Sprecher will dem Hörer möglicherweise sagen: **Deine Meinung** ist mir wichtig./Ich will **Kontakt zu dir** haben.

Lerncheck

Kapitel „Sprache und Kommunikation“	O. K. ✓	Das muss ich noch mal lesen
Ich kann die drei Funktionen sprachlicher Äußerungen mit eigenen Worten zusammenfassen und jeweils Beispiele benennen.		S. 8
Ich kann den Satz „Man kann nicht nicht kommunizieren“ erklären.		S. 8
Ich kann Beispiele für diese kommunikative Grundannahme nennen.		S. 9
Ich kann erläutern, dass es bei einer Mitteilung nicht nur um Inhalte geht, sondern immer auch Beziehungen zwischen den Kommunikationspartnern eine Rolle spielen.		S. 9
Ich kann begründen, warum es zu Missverständnissen bei der alltäglichen Kommunikation kommen kann.		S. 9
Ich kann mit eigenen Worten zusammenfassen, dass eine Nachricht/Mitteilung vier verschiedene Botschaften/Aussageebenen enthalten kann.		S. 10

2 Sprache und Bedeutung

2.1 Grundbedeutung und Nebenbedeutung

Wörter verweisen auf etwas, sie stellen einen Bezug zur Wirklichkeit her.
Unter dem Wort *Hund* kann sich jeder etwas vorstellen, nämlich ein bestimmtes Haustier; man spricht hier von der Grundbedeutung des Wortes (**Denotation**).
Ein Hundeliebhaber verbindet das Wort mit einer positiven Nebenbedeutung (**Konnotation**): Hund als Gefährte und Freund des Menschen. Ein anderer, vielleicht der Briefträger, wird das Wort mit einer negativen Konnotation verbinden: Ein Tier, das gefährlich werden kann und beißt. Oft stehen für Nebenbedeutungen besondere Wörter zur Verfügung.
BEISPIELE Hund: Kläffer, Töle; Gesicht: Antlitz, Fresse

Die folgenden Texte zeigen, wie man mit unterschiedlichen Ausdrücken für dieselben Dinge ganz verschiedene Nebenbedeutungen anklingen lassen kann.

Die Sicht des fröhlichen Frühaufstehers
Ich stelle den Zweiklangradiowecker ab. Ich fühle mich ausgeruht und tatendurstig. Ich wende noch einmal meinen Körper und kuschele mich genüsslich in den Kissen. Dann springe ich auf und tänzele, ein Liedchen trällernd, …

Die Sicht eines Morgenmuffels
Ich würge die Rappelkiste ab. Richtig knatschig fühle ich mich. Ich wälze mich noch einmal herum, um ein bisschen zu pennen. Schließlich rappele ich mich doch hoch und latsche, griesgrämig vor mich hin murmelnd, …

2.2 Fremdwort und Lehnwort

Der Wortschatz einer Sprache ist in ständiger Bewegung: Aus anderen (fremden) Sprachen werden Wörter in die deutsche Sprache übernommen. Man nennt diese Wörter **Fremdwörter.** Fremdwörtern merkt man ihre Herkunft noch an, und zwar

- an fremdartigen Lauten *(Computer, Psyche, Montage)*,
- an anderer Betonung *(Telefon, Frisör)*,
- an der fremdartigen Schreibweise (*Psyche*, nicht Psüche; *Jeans*, nicht Dschiens).

Jeans, Hit, Shop (aus dem Englischen/Amerikanischen)
Philosoph, Rhythmus, Chor, Charakter (aus dem Griechischen)
Döner (aus dem Türkischen)
Kimono (aus dem Japanischen)
Kastell, Nomen, Illusion (aus dem Lateinischen)
Portmonee, Journalist, Ingenieur (aus dem Französischen)
Kattun (aus dem Arabischen)
Konto (aus dem Italienischen)
Kontor (aus dem Niederländischen)

Viele Fremdwörter sind im Laufe der Zeit der deutschen Sprache so angepasst worden, dass man ihren Fremdwortcharakter nicht mehr wahrnimmt. Diese nennt man **Lehnwörter.**

BEISPIELE Das Wort *Kloster* stammt von dem lateinischen *claustrum*, das Wort *Mauer* von *murus*, das Wort *Kreuz* von *crux*.

2.3 Bildhafte Ausdrücke

Manche Wörter werden im übertragenen Sinne gebraucht und gewinnen dann eine zweite, eben die übertragene Bedeutung hinzu. Derartige bildhafte Ausdrücke nennt man auch **Metaphern** (aus dem griechischen Wort für *Übertragung*). Dabei wird ein Wort aus einem Bedeutungsbereich in einen anderen übertragen. Es entsteht eine bildhafte Redeweise, wobei man sich die ursprüngliche Bedeutung noch vorstellen kann.

Ursprüngliche Bedeutung	Übertragene Bedeutung
Hahn (Tier)	Zapfhahn, Gewehrhahn
Birne (Obst)	Glühbirne

BEISPIELE für Metaphern aus dem Sport:
Er **schießt eine Bombe** aufs Tor.
Im Strafraum **brennt es lichterloh.**

Andere bildhafte Redewendungen neben der Metapher sind:

- **Personifikation** (Vermenschlichung)
  Dabei werden abstrakte Begriffe, Tiere oder leblose Dinge mit menschlichen Eigenschaften versehen:
  Frau Sonne, **Vater** Rhein, es **träumt** der Tag.
- **Vergleich**
  Dies ist eine Form, durch die zwei oder mehrere Bereiche miteinander verglichen werden:
  Haare **wie** Gold, stark **wie** ein Bär.

BEISPIEL aus einer Fußballreportage, in der mit bildhaften Redewendungen gearbeitet wird, um den Zuhörern/Zuschauern das Geschehen zu veranschaulichen:

> … die deutsche Elf greift an. Mit ein, zwei Spielzügen ist sie schon im Feld der Italiener. Jetzt läuten die Alarmglocken im Strafraum der Italiener. Maier klebt am Leder wie eine Klette, unaufhaltsam stürmt er durch den Strafraum und jetzt – ein Bombenschuss aufs gegnerische Tor. Die Zuschauer heben die Arme, sehen den Ball schon im Netz zappeln. Aber nein! – Der Keeper springt wie ein Panther ins bedrohte Eck und fischt sich das runde Leder gerade noch vor der Torlinie.

2.4 Synonyme und Antonyme

Synonyme nennt man Wörter mit gleicher oder ähnlicher Bedeutung.

BEISPIELE klug – weise; intelligent – aufgeschlossen

Ein **Wortfeld** fasst Wörter mit vergleichbarer, verwandter Bedeutung zusammen.

BEISPIELE Gewässer: Bach, Fluss, Strom, See, Weiher, Meer

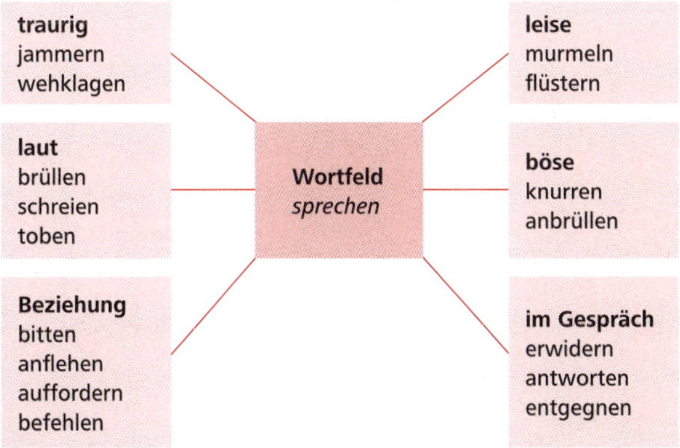

Antonyme heißen Wörter mit gegensätzlicher Bedeutung.

BEISPIELE

rechts – links
ankommen – abfahren
oben – unten
Jugend – Alter

2.5 Oberbegriff und Unterbegriff

Begriffe helfen, die Wirklichkeit zu erfassen und zu ordnen.
Oberbegriffe haben eine allgemeine Bedeutung; sie schließen die Unterbegriffe mit ein.
Unterbegriffe sind präzise und speziell.

Oberbegriff	Unterbegriff
Werkzeug	Zange, Hammer, Meißel
Tiere	Säugetiere, Fische, Insekten

Es lassen sich auf diese Weise ganze Begriffspyramiden bilden.

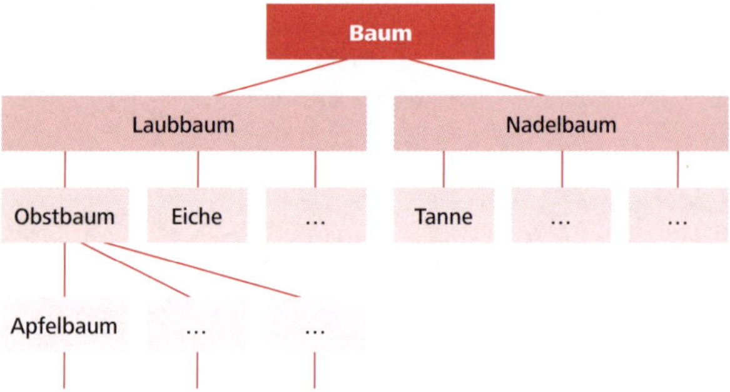

2.6 Wortfamilie

Die Wortfamilie ist ein wichtiges Ordnungsprinzip des Wortschatzes. Eine Wortfamilie besteht aus allen Wörtern, die im Laufe der Zeit zu einem Stammwort gebildet worden sind.
Sprachlich verwandt sind alle Wörter mit dem gleichen **Wortstamm,** zu einer Wortfamilie gehören sowohl Ableitungen als auch Zusammensetzungen.

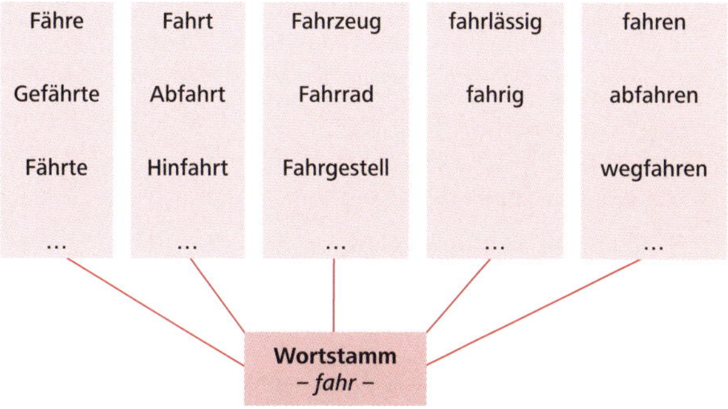

Bei der Rechtschreibung ist es besonders wichtig, **Wortfamilien** zu bilden, weil man mit verwandten Wörtern oft die richtige Schreibweise ableiten kann.

BEISPIELE

behände von Hand (daher behände mit ä, nicht mit e)
Fährte von Fahrt
gräulich von grau

Lerncheck

Kapitel „Sprache und Bedeutung“	O.K. ✓	Das muss ich noch mal lesen
Ich kann zwischen der Grundbedeutung (Denotation) und der Nebenbedeutung von Wörtern (Konnotation) unterscheiden.		S. 12
Ich kann erklären, was eine Metapher ist.		S. 13, 14
Ich kann außer der Metapher noch zwei weitere bildhafte Redewendungen benennen.		S. 14
Ich kann die Begriffe *Synonyme, Antonyme* erklären.		S. 15
Ich kann zwischen Unterbegriff und Oberbegriff unterscheiden.		S. 16
Ich kann den Begriff *Wortfamilie* erklären.		S. 17
Ich kann erklären, welchen Nutzen eine Wortfamilie für die Rechtschreibung haben kann.		S. 17

Wortarten

Wortarten gliedern die Wörter unserer Sprache nach bestimmten Gesichtspunkten. Im Satz und im Text übernehmen sie unterschiedliche Aufgaben. Einige Wortarten können dabei ihre Form verändern, sie können gebeugt oder, um es mit einem anderen Begriff auszudrücken, flektiert werden. Andere Wortarten können ihre Form nicht verändern; entsprechend bezeichnet man sie als nicht flektierbar.

Flektierbare und nicht flektierbare Wortarten

Lateinische Bezeichnung	Deutsche Bezeichnung	
Verb Nomen/Substantiv Artikel Pronomen Adjektiv Numerale	Tätigkeitswort/Zeitwort Namenwort/Hauptwort Begleiter/Geschlechtswort Fürwort/Stellvertreter Eigenschaftswort Zahlwort	flektierbar
Präposition Konjunktion Adverb Interjektion	Verhältniswort Bindewort Umstandswort Empfindungswort/Ausrufewort	nicht flektierbar

Beispiele für die verschiedenen Wortarten finden sich in der folgenden Tabelle.

Lateinische Bezeichnung	Beispiele
Verb	**sehen**/er **sieht**
Nomen/Substantiv	der **Freund**/des **Freundes**
Artikel	**der, die, das/ein, eine, ein**
Pronomen	**sie/es** gefällt **ihr**

Lateinische Bezeichnung	Beispiele
Adjektiv	**schön**/ein **schönes** Buch
Numerale	**drei**/den **Dreien**
Präposition	**an, auf, hinter, neben**
Konjunktion	**und, weil, nachdem, dass**
Adverb	**heute, bald, sehr**
Interjektion	**ach! oh!**

3.1 Das Verb
(Tätigkeitswort, Zeitwort; Plural: Verben)

Verb kommt vom lateinischen Wort *verbum* (Wort). Für die Römer war das Verb das wichtigste Wort im Satz. Auch in deutschen Sätzen dreht sich alles ums Verb. Es gibt kaum einen Satz ohne Verb. Fehlt es, so wird es zumindest mitgedacht.

BEISPIEL

Kommst du heute? – Nein, heute (komme ich) nicht!

Aufgabe von Verben

Mit Verben kann man Handlungen, Vorgänge und Zustände bezeichnen.

Entsprechend unterscheidet man:

- Handlungsverb

  BEISPIELE

  Petra **läuft**. Stephan **liest** ein Buch.
- Vorgangsverb

  BEISPIELE

  Es **brennt**. Die Blumen **welken**.
- Zustandsverb

  BEISPIELE

  Susanne **fühlt sich** gut. Dort **wohnen** wir.

Vollverb und Hilfsverb

Nach ihrer Leistung im Satz unterscheidet man:

- **Vollverben** (kommen, laufen, gehen)
  Diese können in einem Satz allein das Prädikat bilden.
  (↗ Prädikat, S. 84–85)
  BEISPIEL Sie **kommen** heute.
- **Hilfsverben** (sein, haben, werden)
  Diese benötigen im Satz noch ein Vollverb oder andere Wörter zur Ergänzung.
  BEISPIELE
  Sie **wird** nicht mitkommen.
  Sie **ist** gekommen.
  Er **hat** bei ihr angerufen.

Finite (bestimmte) und infinite (unbestimmte) Formen des Verbs

Verben können im Satz ihre Form verändern; sie sind flektierbar. Steht ein Verb in der **Personalform** (du kommst, wir sehen), spricht man auch von der **finiten** Form (lat. *finit* = bestimmt) oder der konjugierten Form des Verbs. (↗ Konjugation von Verben, S. 23–28)

BEISPIEL Sie **kommt** heute.

Die Verbform ist in diesem Beispiel bestimmt durch

- **Person und Numerus (Anzahl):**
  sie kommt → 3. Person Singular (Einzahl)
- **Tempus (Zeit):**
  sie kommt → Präsens
- **Genus (Handlungsart):**
  sie kommt → Aktiv;
- **Modus (Aussageweise):**
  kommt → Indikativ (Wirklichkeitsform)

Die **infiniten Formen des Verbs** werden nicht bestimmt durch Person, Numerus, Tempus und Modus.

Zu den infiniten Verbformen zählen:
- der **Infinitiv** (Grundform des Verbs): kommen, lesen
- das **Partizip** (Mittelwort), eine Form zwischen Verb und Adjektiv

Partizip Präsens (oder Partizip I)
BEISPIEL lesend (abgeleitet vom Infinitiv lesen)
Gebrauch als Adjektiv: lesende Kinder
Gebrauch als Nomen: Lesende

Partizip Perfekt (oder Partizip II)
BEISPIEL gelesen
Gebrauch als Adjektiv: das gelesene Buch
Gebrauch als Nomen: das Gelesene

Das Partizip Perfekt wird benötigt bei der Bildung der **zusammengesetzten Zeitformen** und beim **Passiv.**
BEISPIELE
Sie hat das Buch gelesen. (↗ Perfekt, S. 25–26)
Sie hatte das Buch gelesen. (↗ Plusquamperfekt, S. 26–27)
Das Buch wurde gelesen. (↗ Passiv, S. 30–32)

Weitere Unterscheidungen von Verben
- **Transitive und intransitive Verben**
  - Transitive Verben verlangen im Satz eine Ergänzung im 4. Fall (↗ Akkusativobjekt, S. 86):
    Sie **sieht die Freundin.**
  - Intransitive Verben benötigen im Satz keine Ergänzung:
    Sie **kommt.** Er **weint.**
- **Reflexive (rückbezügliche) Verben**
  - Diese treten in Verbindung mit einem Reflexivpronomen (rückbezügliches Fürwort) auf:
    Sie **freut sich** über die Postkarte. (Infinitiv: sich freuen)

- **Schwache (regelmäßige), starke (unregelmäßige) Verben**
  - Bei schwachen Verben wird der Stammvokal des konjugierten Verbs nicht verändert:
    reden – sie redet – sie hat geredet
  - Bei starken Verben wird der Stammvokal verändert:
    finden – sie fand – sie hat gefunden
- **Persönliche und unpersönliche Verben**
  - Persönliche Verben können alle Formen bilden:
    Ich komme, **du** kommst …
  - Unpersönliche Verben können nur die 3. Person Singular bilden:
    Es regnet. **Es** schneit.

Konjugation von Verben

Verben werden im Satz konjugiert (gebeugt). Die Konjugation von Verben ist durch unterschiedliche Merkmale bestimmt:

- **Person und Numerus (Anzahl):**
  ich schreibe, **wir** schreiben
- **Tempus (Zeit):** ich schreibe, ich schrieb …
- **Genus des Verbs (Handlungsart):**
  er schreibt eine Geschichte (Aktiv) – eine Geschichte wird (von ihm) geschrieben (Passiv)
- **Modus (Aussageweise):**
  er schreibt (Indikativ), er schriebe (Konjunktiv II), er würde schreiben (Ersatzkonjunktiv)

(↗ Konjugationstabellen, S. 40–47)

Person und Numerus (Anzahl)

Bei der im Satz konjugierten Form des Verbs spricht man auch von der **Personalform** des Verbs, weil in den Verbformen auch die Person (bzw. die Sache) ausgedrückt wird: die Person, die spricht (ich), die Person, die angesprochen wird (du), und die Person bzw. die Sache, über die gesprochen wird (er, sie, es).
Bei der Person unterscheidet man neben der 1., 2. und 3. Person auch die Anzahlform **Singular** (Einzahl) und **Plural** (Mehrzahl).

1. Person 2. Person 3. Person	Singular	ich gehe du gehst er/sie/es geht
1. Person 2. Person 3. Person	Plural	wir gehen ihr geht sie gehen

BEISPIEL für ein reflexives Verb (↗ S. 22 unten):

1. Person 2. Person 3. Peson	Singular	ich bedanke mich du bedankst dich er/sie/es bedankt sich
1. Person 2. Person 3. Person	Plural	wir bedanken uns ihr bedankt euch sie bedanken sich

Tempus (Zeit)

Das Verb heißt auf Deutsch auch Zeitwort, weil man mit Verbformen Angaben zur Zeit machen kann. Mit den **Tempusformen** kann man sich auf ein gegenwärtiges, auf ein vergangenes oder auf ein zukünftiges Geschehen beziehen.
Bezugspunkt ist der Zeitpunkt, zu dem eine Äußerung gemacht wird.

	Tempus	Beispiel
vergangen	Plusquamperfekt (Vorvergangenheit)	ich hatte geschrieben
	Präteritum (Vergangenheitsform)	ich schrieb
	Perfekt (abgeschlossen, mit Bezug zur Gegenwart)	ich habe geschrieben
gegenwärtig	Präsens (Gegenwartsform)	ich schreibe
zukünftig	Präsens	morgen schreibe ich
	Futur I (Zukunftsform)	ich werde schreiben
	Futur II	ich werde geschrieben haben

Man unterscheidet insgesamt sechs Tempusformen:

- **Präsens**
  BEISPIELE du schreibst, er kommt
- **Perfekt**
  BEISPIELE du hast geschrieben, er ist gekommen
- **Präteritum (Imperfekt)**
  BEISPIELE du schriebst, er kam
- **Plusquamperfekt**
  BEISPIELE du hattest geschrieben, er war gekommen
- **Futur I**
  BEISPIELE du wirst schreiben, er wird kommen
- **Futur II**
  BEISPIELE
  du wirst geschrieben haben, er wird gekommen sein

Präsens

(Gegenwart)

Mit dem Präsens kann man auf unterschiedliche Zeiten verweisen:

1. Tatsächliche Gegenwart: Ich **schreibe.**
2. Ein Geschehen wiederholt sich regelmäßig oder ist allgemeingültig:
   Ich **gehe** morgens zur Schule.
   Köln **liegt** am Rhein.
3. Ein Geschehen wird in der Zukunft eintreten:
   Morgen **gehe** ich ins Kino.
4. In einer Erzählung wird das Tempus gewechselt, weil der Erzähler das Geschehen vergegenwärtigen will: Sie sah plötzlich Licht und **stürzte** darauf zu. Die Tür **steht** weit offen.

Perfekt

(Vollendete Gegenwart)

Das Perfekt ist auf die Gegenwart bezogen. Es zeigt an, dass eine Handlung zwar schon abgeschlossen ist, aber noch einen Bezug zur Gegenwart hat. Der Sprecher/die Sprecherin ist an dem ver-

vergangen			gegenwärtig
Plusquamperfekt	Präteritum	Perfekt	Präsens
ich hatte geschrieben	ich schrieb	ich habe geschrieben	ich schreibe

gangenen Ereignis noch stark beteiligt. Das Perfekt wird besonders häufig in Gesprächen verwendet.
BEISPIEL Ich bin vielleicht erleichtert! Gestern **habe** ich in Mathe eine Zwei **geschrieben.**

Das Perfekt wird auf folgende Weise gebildet:

Personalform von *haben* oder *sein* im Präsens	**+ Partizip Perfekt des Verbs**
sie **hat**	**geschrieben**
er **ist**	**gekommen**
wir **haben**	**empfohlen**

Präteritum
(Imperfekt/Vergangenheit; lat.: das Vorübergegangene)
Das Präteritum zeigt an, was vergangen und abgeschlossen ist und keinen Bezug mehr zur Gegenwart hat. Es ist die typische Zeitform in Märchen, Sagen und anderen Erzählungen.
BEISPIEL
Im Lande Nirgendwo **lebte** einst eine schöne Prinzessin.

Plusquamperfekt
(Vorvergangenheit; lat.: mehr als vollendet)
Diese Tempusform wird oft im Zusammenhang mit dem Präteritum gebraucht. Sie zeigt an, was bereits vor dem vergangenen Ereignis passiert war.
BEISPIEL Es ist jetzt 11 Uhr und ich bin wieder zu Hause. Meine Schwester fragt: „Bist du schon wieder da?“ Sie wundert

		zukünftig
Präsens (mit Verweis auf die Zukunft)	Futur I	Futur II
morgen schreibe ich	ich werde schreiben	ich werde geschrieben haben

sich, denn vor etwa einer Stunde **hatte** ich das Haus **verlassen**, um ins Schwimmbad zu gehen. Ich antworte ihr: „Als ich das Schwimmbad sah, fiel mir ein, dass ich die Badehose **vergessen hatte**.“

10.00 Uhr	10.30 Uhr		jetzt 11 Uhr
Plusquamperfekt	Präteritum	Perfekt	Präsens
ich **hatte vergessen**	ich sah, mir fiel ein (vor dem Schwimmbad)	–	Bist du schon wieder da? (wieder zu Hause)

Das Plusquamperfekt wird auf folgende Weise gebildet:

Personalform von *haben* oder *sein* im Präteritum	+ Partizip Perfekt des Verbs
er **hatte**	**geschrieben**
sie **war**	**gekommen**

Futur I

Mit dieser Form kann man anzeigen, was in Zukunft sein wird. So wird das Futur I gebildet:

Personalform von *werden* im Präsens	+ Infinitiv des Verbs
ich **werde**	**kommen**
du **wirst**	**bleiben**

Futur II

Bei dieser selten vorkommenden Form stellt sich der Sprecher/die Sprecherin vor, dass er/sie aus der Zukunft heraus etwas Vergangenes betrachtet.

BEISPIEL Morgen um diese Zeit werde ich den Eignungstest bereits überstanden haben.

gegenwärtig	jetzt, Montag, 8 Uhr	Ich bin ganz gut auf den Test vorbereitet.
zukünftig	nachher, 14–16 Uhr	Ich werde am Test teilnehmen. (Futur I)
	morgen, 8 Uhr	Morgen um diese Zeit **werde** ich den Eignungstest bereits **überstanden haben.** (Futur II)

gegenwärtig	zukünftig	
Präsens	Futur I	Futur II
ich bin	ich werde teilnehmen	ich werde überstanden haben

Das Futur II wird auf folgende Weise gebildet:

Personalform von *werden* im Präsens	+ Partizip Perfekt des Verbs	+ Infinitiv von *haben* oder *sein*
ich **werde**	**überstanden**	**haben**
er **wird**	**geprüft**	**haben**
wir **werden**	**angekommen**	**sein**
ihr **werdet**	**weggefahren**	**sein**

Zeitenfolge

Mit den Zeitformen können **Zeitfolgen** und Zeitzusammenhänge im Satz ausgedrückt werden. Alles, was gesagt, gedacht oder geschrieben wird, steht in einem bestimmten Bezug zur Zeit.

Es ist kurz vor 8 Uhr abends. Die Party beginnt.	**Zeitbezug**
1 In Kühltaschen sind die Getränke herangeschafft worden. Tempusform: Perfekt	vor einiger Zeit
2 Lara und Stefan übernehmen die Getränkeausgabe. Tempusform: Präsens	jetzt
3 a) Beide teilen sich die Arbeit nachher gut ein. Tempusform: Präsens mit Verweis auf die Zukunft (Zeitadverb *nachher*)	nachher
b) Beide werden sich die Arbeit gut einteilen. Tempusform: Futur I	nachher

Bei den Beispielen 1–3 ist der Bezugspunkt die Gegenwart. Berichtet man über eine Party in der Vergangenheit, müssen die Zeitformen entsprechend geändert werden 4–6.

Vor einem Jahr abends gegen 8 Uhr:	**Zeitbezug**
4 In Kühltaschen waren die Getränke herangeschafft worden. Tempusform: Plusquamperfekt	Vorzeitigkeit
5 Lara und Stefan übernahmen die Getränkeausgabe. Tempusform: Präteritum (Imperfekt)	Gleichzeitigkeit
6 Beide teilten sich die Arbeit anschließend gut ein. Tempusform: Präteritum (Imperfekt)	Nachzeitigkeit

Liegt der Bezugspunkt in der Zukunft 7–9, müssen die Zeitformen entsprechend verändert werden.

	Zeitbezug
Es ist etwa 7 Uhr abends. *In einer Stunde beginnt die Party.*	
7 In Kühltaschen werden die Getränke dann herangeschafft worden sein. Tempusform: Futur II	Vorzeitigkeit
8 a) Lara und Stefan übernehmen dann gleich die Getränkeausgabe. Tempusform: Präsens mit Verweis auf die Zukunft	Gleichzeitigkeit
b) Lara und Stefan werden die Getränkeausgabe übernehmen. Tempusform: Futur I	Gleichzeitigkeit
9 Beim Aufräumen danach werden sich beide die Arbeit gut einteilen. Tempusform: Futur I	Nachzeitigkeit

BEACHTE Bei einem **Satzgefüge,** das mindestens aus einem Hauptsatz und einem Nebensatz besteht, kommt es darauf an, ob der im Nebensatz dargestellte Vorgang gleichzeitig mit dem des Hauptsatzes abläuft, vorzeitig oder nachzeitig.

	Nebensatz	Hauptsatz
1 Vorzeitigkeit	Nachdem Jana ihre Hausarbeiten erledigt hat,	trifft sie sich mit ihrer Freundin.
2 Gleichzeitigkeit	Während sie sprach,	zwinkerte er ihr zu.
3 Nachzeitigkeit	Bevor sie ihre Freundin traf,	hatte sie die Hausaufgaben erledigt.

Genus des Verbs: Aktiv und Passiv

(Handlungsarten; Plural: Genera,
lat.: Geschlecht des Verbs)

In der deutschen Sprache wird zwischen zwei Handlungsarten oder Sehrichtungen für das Verb unterschieden:

- das **Aktiv** („Tatform“)
- das **Passiv** („Leideform“)

Die deutschen Bezeichnungen „Tatform“ und „Leideform“ sind noch gebräuchlich, aber sie verdeutlichen nicht immer den Sachverhalt.

BEISPIELE

Er **lebt** in Leipzig. („Tatform“, doch keine Tätigkeit)
Tina **wird gefahren.** („Leideform“, doch kein Leiden)

Das **Aktiv** stellt den Handelnden, den Urheber, den, der die Handlung ausführt, in den Vordergrund. Es handelt sich dabei um eine „täter“bezogene Sicht der Darstellung.

BEISPIEL **Die Mutter fährt** Rabea in die Stadt.

Im **Passiv** wird das Geschehen aus der Sicht des „Betroffenen“ dargestellt.

BEISPIEL

Rabea wird (von ihrer Mutter) in die Stadt **gefahren.**

Der „Täter“ (im Beispielsatz die Mutter) kann erwähnt werden, kann aber auch ganz wegfallen. Man spricht in diesen Fällen auch von einem **täterabgewandten Passiv** bzw. einem **täterlosen Passiv.**

In Texten wird immer dann, wenn es um eine handlungsorientierte Darstellung geht, das Aktiv im Vordergrund stehen (zum Beispiel in Erzählungen).
Immer dann, wenn Sachverhalte im Vordergrund stehen, kann der Gebrauch des Passivs sinnvoll sein (zum Beispiel bei Gebrauchsanleitungen).

Aktiv
Es **war** kurz vor Mitternacht. Sie **wachte** plötzlich **auf;** da **hörte** sie etwas vor der Tür. Ein unbekanntes Wesen **schlurfte** vorbei …

Passiv
Zunächst **wird** etwas Fett in die Pfanne **gegeben;** dann **werden** Speckwürfel **ausgelassen** …

Beim Passiv unterscheidet man zwei Formen:

- **Vorgangspassiv**
  Hierbei wird der Vorgang und Ablauf hervorgehoben:
  Das Auto **wird repariert.**
  Das Vorgangspassiv wird mit einer Form von *werden* gebildet.
- **Zustandspassiv**
  Hierbei wird der Zustand betont:
  Das Auto **ist repariert.**
  Das Zustandspassiv wird mit einer Form von *sein* gebildet.
  Beide Passivarten sind immer zusammengesetzte Verbformen.

Bildung von Aktiv und Passiv

	Aktiv	Passiv
Präsens	ich rufe du rufst	ich werde gerufen du wirst gerufen
Perfekt	ich habe gerufen du hast gerufen	ich bin gerufen worden du bist gerufen worden
Präteritum	ich rief du riefst	ich wurde gerufen du wurdest gerufen
Plusquamper- fekt	ich hatte gerufen du hattest gerufen	ich war gerufen worden du warst gerufen worden
Futur I	ich werde rufen du wirst rufen	ich werde gerufen werden du wirst gerufen werden
Futur II	ich werde gerufen haben du wirst gerufen haben	ich werde gerufen worden sein du wirst gerufen worden sein

Modus (Aussageweise)

(Plural: Modi; lat.: die Art und Weise)

Der Modus des Verbs wird gebraucht, wenn man ausdrücken will, ob etwas wirklich, unwirklich, möglich, nicht möglich, wünschenswert oder notwendig ist.

Es gibt **drei Modalformen** des Verbs:

a **Indikativ,**
b **Konjunktiv** und
c **Imperativ.**

a **Indikativ** (Wirklichkeitsform)
Im Satz wird etwas als eindeutig und gegeben hingestellt.

BEISPIEL
Pauline übernimmt das Amt der Klassenbuchführerin.

b **Konjunktiv** (Möglichkeitsform)
Man drückt damit aus, dass das Gesagte weniger direkt, wirklich oder gewiss ist. Man gibt etwas wieder, das man gehört hat, oder man stellt sich etwas vor.

Konjunktiv I
Dieser Modus unterscheidet sich nur in der 2. und 3. Person Singular und zum Teil in der 2. Person Plural von den jeweiligen Formen des Indikativs.

Indikativ	Konjunktiv I
sie meint	sie meine
sie weiß	sie wisse

Der Konjunktiv I kann in verschiedenen Zeiten gebildet werden und zwar im Präsens, im Perfekt, im Futur I und II.

	Indikativ	Konjunktiv I
Präsens	sie kommt	sie komme
Perfekt	sie ist gekommen	sie sei gekommen
Futur I	sie wird kommen	sie werde kommen
Futur II	sie wird gekommen sein	sie werde gekommen sein

Wichtig ist der Konjunktiv I bei der Kennzeichnung der **indirekten Rede.** Es wird damit die Distanz zum Inhalt der wörtlichen Rede zum Ausdruck gebracht.

BEISPIEL Sven teilt den anderen mit, Pauline **übernehme** das Amt der Klassenbuchführerin.

Konjunktiv II

Der Sprecher stellt sich etwas vor oder denkt etwas; er stellt etwas als unwirklich, nur wünschenswert dar.

BEISPIELE

Wenn ich doch reich **wäre!**
Ich **käme** mit, wenn ich **könnte.**

Der Schriftsteller Wilhelm Busch drückt dies so aus:

Was wäre wenn?
Wenn alles sitzen bliebe,
Was wir in Hass und Liebe
So voneinander schwatzen;
Wenn Lügen Haare wären,
Wir wären rau wie Bären
Und hätten keine Glatzen.

Der Konjunktiv II wird in vier verschiedenen Zeiten gebildet: im Präsens, im Perfekt, im Futur I und Futur II.

	Indikativ	Konjunktiv II
Präsens	sie kommt	sie käme
Perfekt	sie ist gekommen	sie wäre gekommen
Futur I	sie wird kommen	sie würde kommen
Futur II	sie wird gekommen sein	sie würde gekommen sein

In der **indirekten Rede** wird der Konjunktiv II verwendet, wenn die Formen des Konjunktiv I mit dem Indikativ verwechselt werden könnten.

Direkte Rede	Indikativ:	Wir haben ganz schön viel Glück gehabt.
Indirekte Rede	Konjunktiv I:	Meine Mutter meint, wir **haben** ganz schön viel Glück gehabt.
	Konjunktiv II:	Meine Mutter meint, wir **hätten** ganz schön viel Glück gehabt.

c **Imperativ** (Befehlsform/Aufforderungsform)
Mit dieser Verbform fordert man jemanden zu etwas auf. Diese Form kommt nur in der 2. Person (Singular und Plural) des Präsens vor.

BEISPIELE
Komm her!
Lasst das sein!
Zeig mir bitte dein Heft!

Eine **Aufforderung** (↗ Aufforderungssatz, S. 76) kann sprachlich auf sehr unterschiedliche Weise ausgedrückt werden:
- **Imperativ:** Bleib hier!
- **Partizip:** Hier geblieben!
- **Indikativ:** Du bleibst hier!
- **Modalverb:** Du wolltest doch hier bleiben!
- **Konjunktiv II:** Es wäre schön, wenn du hier bliebst!

Überblick: Indikativ und Konjunktiv

Tempus \ Modus	Indikativ
Präsens	ich gebe du gibst er gibt es ist
Perfekt	ich habe gegeben du hast gegeben er hat gegeben es ist gewesen
Präteritum	ich gab du gabst er gab es war
Plusquamperfekt	ich hatte gegeben du hattest gegeben er hatte gegeben es war gewesen
Futur I	ich werde geben du wirst geben er wird geben es wird sein
Futur II	ich werde gegeben haben du wirst gegeben haben er wird gegeben haben es wird gewesen sein

Konjunktiv I	Konjunktiv II
ich gebe du gebest er gebe es sei	ich gäbe du gäbest er gäbe es wäre
ich habe gegeben du habest gegeben er habe gegeben es sei gewesen	ich hätte gegeben du hättest gegeben er hätte gegeben es wäre gewesen
–	–
–	–
ich werde geben du werdest geben er werde geben es werde sein	ich würde geben du würdest geben er würde geben es würde sein
ich werde gegeben haben du werdest gegeben haben er werde gegeben haben es werde gewesen sein	ich würde gegeben haben du würdest gegeben haben er würde gegeben haben es würde gewesen sein

Überblick: Zur Konjugation von Verben

Mit einem konjugierten Verb kann man im Satz Unterschiedliches ausdrücken:

Wer tut etwas?

Person
(1., 2., 3. Person)

ich rufe
du …

Wie viele tun etwas?

Numerus
(Anzahlform)

er ruft
sie rufen

Beispiel:

Wortstamm **ruf-**
(Infinitiv: rufen)

Wann geschieht etwas?

Tempus
(Zeitform)

ich **rufe**
ich **rief**
ich **habe gerufen**

Genus
(Handlungsart)

Aktiv: Hanna **ruft** Jakob.
Passiv: Jakob **wird** von Hanna **gerufen**.

Wird das Geschehen vom Handelnden oder vom Betroffenen aus gesehen?

Modus
(Aussageweise)

Indikativ: er **ruft**
Konjunktiv I: er **rufe**
Konjunktiv II: er **riefe**
Imperativ: **ruft!**

Wie wird das Geschehen eingeschätzt oder beurteilt?

Modalverben

Urteile, Wertungen und Einschätzungen kann man auch mithilfe von **Modalverben** ausdrücken. Modalverben machen deutlich, ob etwas möglich, erwünscht ist oder etwas gefordert wird.

Ich	muss soll darf kann will mag	heute lesen.

Konjugation der Modalverben, S. 46–47

Zur Bildung von Verben

(↗ Bildung von Nomen, S. 52–53, ↗ Bildung von Adjektiven, S. 65)

Neue Verben können durch **Zusammensetzung** von Wörtern oder durch **Ableiten** aus bekannten Wörtern gebildet werden.

- **Zusammensetzungen unterschiedlicher Wörter**

  BEISPIELE

  dreiteilen, heißlaufen, herankommen, wegfahren, totschweigen, heimfahren
- **Ableitungen durch Präfix** (Vorsilbe) und **Umlaut**
  - **Ableitung aus Verben:** schneiden – zerschneiden, treiben – vertreiben, glücken – missglücken, erben – enterben, trinken – tränken
  - **Ableitung aus Adjektiven:** braun – bräunen, faul – faulen, lahm – lähmen, grün – grünen, kurz – kürzen, zahm – zähmen, mäßig – mäßigen, sicher – sichern
  - **Ableitung aus Nomen:** Schlaf – schlafen, Fisch – fischen, Rauch – rauchen, Erde – beerdigen, Dampf – verdampfen

Konjugationstabellen

Konjugation von „sein“ (als Vollverb)

Tempus \ Modus	Indikativ
Präsens	ich bin du bist er ist wir sind ihr seid sie sind
Präteritum	ich war du warst er war wir waren ihr wart sie waren
Perfekt	ich bin gewesen du bist gewesen er ist gewesen wir sind gewesen ihr seid gewesen sie sind gewesen
Plusquamperfekt	ich war gewesen du warst gewesen er war gewesen wir waren gewesen ihr wart gewesen sie waren gewesen
Futur I	ich werde sein du wirst sein er wird sein wir werden sein ihr werdet sein sie werden sein
Futur II	ich werde gewesen sein du wirst gewesen sein er wird gewesen sein wir werden gewesen sein ihr werdet gewesen sein sie werden gewesen sein

Infinitiv: sein
Imperativ Sg./Pl.: sei! seid!

Partizip I: seiend
Partizip II: gewesen

Konjunktiv I	Konjunktiv II
ich sei du sei(e)st er sei wir seien ihr seiet sie seien	ich wäre du wär(e)st er wäre wir wären ihr wär(e)t sie wären
–	–
ich sei gewesen du sei(e)st gewesen er sei gewesen wir seien gewesen ihr seiet gewesen sie seien gewesen	ich wäre gewesen du wär(e)st gewesen er wäre gewesen wir wären gewesen ihr wär(e)t gewesen sie wären gewesen
–	–
ich werde sein du werdest sein er werde sein wir werden sein ihr werdet sein sie werden sein	ich würde sein du würdest sein er würde sein wir würden sein ihr würdet sein sie würden sein
ich werde gewesen sein du werdest gewesen sein er werde gewesen sein wir werden gewesen sein ihr werdet gewesen sein sie werden gewesen sein	ich würde gewesen sein. du würdest gewesen sein er würde gewesen sein wir würden gewesen sein ihr würdet gewesen sein sie würden gewesen sein

Konjugation von „haben“ (als Vollverb)

Tempus \ Modus	Indikativ
Präsens	ich habe du hast er hat wir haben ihr habt sie haben
Präteritum	ich hatte du hattest er hatte wir hatten ihr hattet sie hatten
Perfekt	ich habe gehabt du hast gehabt er hat gehabt wir haben gehabt ihr habt gehabt sie haben gehabt
Plusquamperfekt	ich hatte gehabt du hattest gehabt er hatte gehabt wir hatten gehabt ihr hattet gehabt sie hatten gehabt
Futur I	ich werde haben du wirst haben er wird haben wir werden haben ihr werdet haben sie werden haben
Futur II	ich werde gehabt haben du wirst gehabt haben er wird gehabt haben wir werden gehabt haben ihr werdet gehabt haben sie werden gehabt haben

Infinitiv: haben
Imperativ Sg./Pl.: habe! habt!

Partizip I: habend
Partizip II: gehabt

Konjunktiv I	Konjunktiv II
ich habe du habest er habe wir haben ihr habet sie haben	ich hätte du hättest er hätte wir hätten ihr hättet sie hätten
–	–
ich habe gehabt du habest gehabt er habe gehabt wir haben gehabt ihr habet gehabt sie haben gehabt	ich hätte gehabt du hättest gehabt er hätte gehabt wir hätten gehabt ihr hättet gehabt sie hätten gehabt
–	–
ich werde haben du werdest haben er werde haben wir werden haben ihr werdet haben sie werden haben	ich würde haben du würdest haben er würde haben wir würden haben ihr würdet haben sie würden haben
ich werde gehabt haben du werdest gehabt haben er werde gehabt haben wir werden gehabt haben ihr werdet gehabt haben sie werden gehabt haben	ich würde gehabt haben du würdest gehabt haben er würde gehabt haben wir würden gehabt haben ihr würdet gehabt haben sie würden gehabt haben

Konjugation von „werden“ (als Vollverb)

Modus / Tempus	Indikativ
Präsens	ich werde du wirst er wird wir werden ihr werdet sie werden
Präteritum	ich wurde du wurdest er wurde wir wurden ihr wurdet sie wurden
Perfekt	ich bin geworden du bist geworden er ist geworden wir sind geworden ihr seid geworden sie sind geworden
Plusquamperfekt	ich war geworden du warst geworden er war geworden wir waren geworden ihr wart geworden sie waren geworden
Futur I	ich werde werden du wirst werden er wird werden wir werden werden ihr werdet werden sie werden werden
Futur II	ich werde geworden sein du wirst geworden sein er wird geworden sein wir werden geworden sein ihr werdet geworden sein sie werden geworden sein

Infinitiv: werden
Imperativ Sg./Pl.: werde! werdet!

Partizip I: werdend
Partizip II: geworden

Konjunktiv I	Konjunktiv II
ich werde du werdest er werde wir werden ihr werdet sie werden	ich würde du würdest er würde wir würden ihr würdet sie würden
–	–
ich sei geworden du sei(e)st geworden er sei geworden wir seien geworden ihr seiet geworden sie seien geworden	ich wäre geworden du wär(e)st geworden er wäre geworden wir wären geworden ihr wär(e)t geworden sie wären geworden
–	–
ich werde werden du werdest werden er werde werden wir werden werden ihr werdet werden sie werden werden	ich würde werden du würdest werden er würde werden wir würden werden ihr würdet werden sie würden werden
ich werde geworden sein du werdest geworden sein er werde geworden sein wir werden geworden sein ihr werdet geworden sein sie werden geworden sein	ich würde geworden sein du würdest geworden sein er würde geworden sein wir würden geworden sein ihr würdet geworden sein sie würden geworden sein

Konjugation von Modalverben (Auswahl)

Modus / Tempus	Konjunktiv I	Konjunktiv II
Präsens	ich könne (kommen) du könnest (kommen) er könne (kommen) wir können (kommen) ihr könnet (kommen) sie können (kommen) ich solle (kommen) ich müsse (kommen) ich möge (kommen) ich dürfe (kommen) ich wolle (kommen)	ich könnte (kommen) du könntest (kommen) er könnte (kommen) wir könnten (kommen) ihr könntet (kommen) sie könnten (kommen) ich sollte (kommen) ich müsste (kommen) ich möchte (kommen) ich dürfte (kommen) ich wollte (kommen)
Perfekt	ich habe (kommen) können du habest (kommen) können er habe (kommen) können wir haben (kommen) können ihr habet (kommen) können sie haben (kommen) können	ich hätte (kommen) können du hättest (kommen) können er hätte (kommen) können wir hätten (kommen) können ihr hättet (kommen) können sie hätten (kommen) können
Futur I	ich werde (kommen) können du werdest (kommen) können er werde (kommen) können wir werden (kommen) können ihr werdet (kommen) können sie werden (kommen) können	ich würde (kommen) können du würdest (kommen) können er würde (kommen) können wir würden (kommen) können ihr würdet (kommen) können sie würden (kommen) können
Futur II	ich werde haben (kommen) können du werdest haben (kommen) können er werde haben (kommen) können wir werden haben (kommen) können ihr werdet haben (kommen) können sie werden haben (kommen) können	ich würde haben (kommen) können du würdest haben (kommen) können er würde haben (kommen) können wir würden haben (kommen) können ihr würdet haben (kommen) können sie würden haben (kommen) können

Infinitiv: können, sollen, müssen, mögen, dürfen, wollen

Modus / Tempus	Konjunktiv I	Konjunktiv II
Präsens	ich wolle (kommen) du wollest (kommen) er wolle (kommen) wir wollen (kommen) ihr wollet (kommen) sie wollen (kommen)	ich wollte (kommen) du wolltest (kommen) er wollte (kommen) wir wollten (kommen) ihr wolltet (kommen) sie wollten (kommen)
Perfekt	ich habe (kommen) wollen du habest (kommen) wollen er habe (kommen) wollen wir haben (kommen) wollen ihr habet (kommen) wollen sie haben (kommen) wollen	ich hätte (kommen) wollen du hättest (kommen) wollen er hätte (kommen) wollen wir hätten (kommen) wollen ihr hättet (kommen) wollen sie hätten (kommen) wollen
Futur I	ich werde (kommen) wollen du werdest (kommen) wollen er werde (kommen) wollen wir werden (kommen) wollen ihr werdet (kommen) wollen sie werden (kommen) wollen	ich würde (kommen) wollen du würdest (kommen) wollen er würde (kommen) wollen wir würden (kommen) wollen ihr würdet (kommen) wollen sie würden (kommen) wollen
Futur II	ich werde haben (kommen) wollen du werdest haben (kommen) wollen er werde haben (kommen) wollen wir werden haben (kommen) wollen ihr werdet haben (kommen) wollen sie werden haben (kommen) wollen	ich würde haben (kommen) wollen du würdest haben (kommen) wollen er würde haben (kommen) wollen wir würden haben (kommen) wollen ihr würdet haben (kommen) wollen sie würden haben (kommen) wollen

Lerncheck

Kapitel „Das Verb“	**O. K. ✓**	**Das muss ich noch mal lesen**
Ich kann erklären, warum das Verb zu den flektierbaren Wortarten zählt.		S. 19
Ich kann zwischen finiten und infiniten Verbformen unterscheiden.		S. 21, 22
Ich kann erklären, dass das konjugierte Verb unter anderem durch die Merkmale *Person* und *Numerus* bestimmt ist.		S. 23, 24
Ich kann unterschiedliche Zeitverweise und die entsprechenden Tempusformen unterscheiden.		S. 24–28
Ich kann zwischen Aktiv und Passiv unterscheiden und entsprechende Formen bilden.		S. 30–32
Ich kann zwischen Indikativ und Konjunktiv unterscheiden und ihren Gebrauch erklären.		S. 32–35
Ich kann Modalverben und ihre Wirkungen im Satz benennen.		S. 39

3.2 Das Nomen, seine Begleiter und Stellvertreter

Das Nomen (Substantiv)

(Substantiv/Namenwort/Hauptwort; das Nomen, Plural: Nomina, lat.: Name, Nennwort; das Substantiv, Plural: Substantive, lat.: selbstständiges Wort)

Die beiden unterschiedlichen Bezeichnungen Nomen und Substantiv kennzeichnen unterschiedliche Sichtweisen und Leistungen. Die Bezeichnung **Nomen** (Namenwort) verdeutlicht, dass man mit Wörtern dieser Wortart Lebewesen, Dingen, abstrakten Begriffen dieser Welt einen Namen geben kann.
Mit dem Begriff **Substantiv** wird dagegen hervorgehoben, dass es sich um ein selbstständiges Wort handelt, das im Satz besonders wichtig ist (Substanz). Dies drückt auch die deutsche Bezeichnung Hauptwort aus.

Das Nomen (Substantiv) gehört neben Verb und Adjektiv zu den Haupt-Wortarten.
Mit Nomen (Substantiven) bezeichnet man Lebewesen und Dinge sowie Vorgänge, Gefühle, Eigenschaften, Begriffe.

Wenn man sich auf eine bestimmte Person, auf ein bestimmtes Tier oder auf einen bestimmten Gegenstand bezieht, dann ist das Nomen ein **Konkretum** (Plural: Konkreta).

BEISPIELE Lars hat einen **Hund.** Das **Auto** bleibt stehen.

Wenn man sich auf etwas bezieht, das nicht gegenständlich ist oder das ausdrückt, was man denkt oder fühlt, spricht man von **Abstraktum** (Plural: Abstrakta).

BEISPIELE Freundschaft, Glück, Angst, Liebe, Schicksal

Die genaue Unterscheidung von Konkreta und Abstrakta ist oft schwierig, zum Beispiel kann *Raubtier* ein ganz bestimmtes Raubtier sein (Konkretum) oder, als Begriff aus der Zoologie, eine Sammelbezeichnung für alle Raubtiere (Abstraktum).

Genus (grammatisches Geschlecht)
(lat.: Geschlecht)
Jedes Nomen hat ein bestimmtes grammatisches Geschlecht; dieses erkennt man an dem bestimmten **Artikel** (Geschlechtswort oder Begleiter), der vor jedem Nomen stehen kann (*der* Computer, *das* Fahrrad, *die* Aufgabe).
Bei manchen Nomen kann man das Geschlecht auch an der **Endung** erkennen.

BEISPIELE
der Lehr**ling**, der Lehr**er**
die Bäcker**ei**, die Hoffn**ung**, die Freund**schaft**, die Freundlich**keit**
das Pferd**chen**, das Zeug**nis**

Man unterscheidet drei Geschlechter:

- **Femininum** (weiblich)
  die Lehrerin, die Sonne, die Klugheit
- **Maskulinum** (männlich)
  der Junge, der Klassenraum, der Glaube
- **Neutrum** (sächlich)
  das Mädchen, das Pferd, das Gefühl

Grammatisches und natürliches Geschlecht stimmen oft nicht überein.

BEISPIELE für Übereinstimmung:
der Mann, die Frau, der Stier, die Kuh, das Buch

BEISPIELE für Nichtübereinstimmung:
das Mädchen, der Löffel, die Kanne

Bei bestimmten (gleichlautenden) Nomen ändert sich mit dem Genuswechsel auch die Wortbedeutung:

> **der** Tau (Niederschlag) – **das** Tau (dickes Seil)
> **die** Steuer (Abgabe) – **das** Steuer (Lenkrad)
> **der** Band (Buch) – **das** Band (zum Binden)
> **der** Bauer (Landwirt) – **der/das** Bauer (Vogelkäfig)

Kasus (Fall)

(Plural: Kasus, lat.: Fall)

Es gibt in der deutschen Sprache **vier Fälle** (Kasus). Mithilfe der Kasus kann das Nomen im Satz unterschiedliche Aufgaben übernehmen.

BEISPIEL

Die Schülerin der Klasse 6a schenkt dem Freund das Buch.

die Schülerin	– Nominativ	(1. Fall)	wer oder was?
der Klasse	– Genitiv	(2. Fall)	wessen?
dem Freund	– Dativ	(3. Fall)	wem?
das Buch	– Akkusativ	(4. Fall)	wen oder was?

Numerus (Anzahl)

(Plural: Numeri, lat.: die Zahl)

Nomen können in der **Einzahl** (**Singular**) oder in der **Mehrzahl** (**Plural**) verwendet werden.

BEISPIELE

das Mädchen – die Mädchen
ein Junge – viele Jungen

- Einige Nomen können nur im Singular stehen:
  der Schnee, das Vieh, der Regen
- Andere Nomen gibt es nur im Plural:
  die Geschwister, die Kosten, die Ferien, die Eltern, die Leute, die Gebrüder

Deklination (Beugung)

Nomen können je nach Kasus oder Numerus ihre Form verändern. Man sagt dann, dass Nomen dekliniert (gebeugt) werden. Gehört zum Nomen ein Artikel (↗ Der Artikel, S. 55–56), werden beide zusammen dekliniert.

Auf der folgenden Seite findet sich ein Überblick über die **Deklination** von Nomen mit bestimmtem Artikel.

Überblick: Deklination (Beugung) von Nomen und bestimmtem Artikel

Numerus (Anzahl)	Kasus (Fall)	
Singular (Einzahl)	1. Fall: Nominativ	(wer? was?)
	2. Fall: Genitiv	(wessen?)
	3. Fall: Dativ	(wem?)
	4. Fall: Akkusativ	(wen? was?)
Plural (Mehrzahl)	1. Fall: Nominativ	(wer? was?)
	2. Fall: Genitiv	(wessen?)
	3. Fall: Dativ	(wem?)
	4. Fall: Akkusativ	(wen? was?)

Mit einem deklinierten Nomen kann man im Satz Unterschiedliches ausdrücken:

Genus (grammatisches Geschlecht):

Maskulinum
Femininum
Neutrum

Kasus (Fall):

Nominativ
Genitiv
Dativ
Akkusativ

Numerus (Anzahl):

Singular
Plural

Zur Bildung von Nomen

(↗ Bildung von Verben, S. 39, ↗ Bildung von Adjektiven, S. 65)
Neue Nomen lassen sich bilden durch die **Zusammensetzung** von bekannten Wörtern oder durch **Ableitungen** aus verwandten Wörtern.

Genus (grammatisches Geschlecht)		
Maskulinum	*Femininum*	*Neutrum*
der Mann des Mannes dem Mann den Mann	die Frau der Frau der Frau die Frau	das Kind des Kindes dem Kind das Kind
die Männer der Männer den Männern die Männer	die Frauen der Frauen den Frauen die Frauen	die Kinder der Kinder den Kindern die Kinder

- **Zusammensetzung** mit der gleichen oder mit einer anderen Wortart:
  Wörterverzeichnis, Rotbarsch, Mitleid, Steilküste, Blauwal, Waschautomat
  - Das grammatische Geschlecht der Zusammensetzung richtet sich nach dem **Grundwort:**
    die Schiff**fahrt**, das Garten**haus**, der Schul**hof**
- **Ableitungen durch Präfix** (Vorsilbe), **Suffix** (Nachsilbe) und **Umlaut**
  - **Ableitung aus Nomen:**
    Bruder – Gebrüder, Balken – Gebälk, Ruhe – Unruhe, Erfolg – Misserfolg, Ort – Ortschaft
  - **Ableitung aus Verben:**
    wohnen – Wohnung, fischen – Fischer, erziehen – Erziehung, erzeugen – Erzeugnis, fühlen – Gefühl
  - **Ableitung aus Adjektiven:**
    finster – Finsternis, reich – Reichtum, einsam – Einsamkeit, hohl – Höhle, klug – Klugheit

BEACHTE Auch **Wörter anderer Wortarten** können im Satz **zu Nomen** werden und sind dann großzuschreiben.

Ob eine Wortart als Nomen (Substantiv) gebraucht wird, lässt sich oft am **Begleiter** erkennen. Dieser Begleiter kann sein:

a ein **Artikel** (oft ist der Artikel angegeben, wenn nicht, könnte man ihn vor das zum Nomen gewordene Wort setzen):
Hier ist (**das**) Laufen nicht erlaubt.
Das Wenn und Aber …
Das Mein und Dein …

b ein **Pronomen: Sein** Klagen war unbegründet.

c ein **Adjektiv:** Manchmal ist (ein) **schnelles** Schreiben notwendig.

d eine **Präposition:** Sie ging **zum** Spielen. Sie war **am** Arbeiten.

e ein **Wort** wie *wenig, alles, viel, etwas, nichts, allerlei …:*
Er erfuhr **viel** Neues.

In manchen Texten treten gehäuft Nomen und Nominalisierungen auf. Man spricht dann vom **Nominalstil;** dieser begegnet einem vor allem in Texten der Verwaltung und Justiz.
Im normalen Sprachgebrauch sollte man Nominalisierungen eher sparsam einsetzen. Der jeweilige bessere Ausdruck wird an den folgenden Gegenüberstellungen deutlich:

Zu Beginn erfolgte seitens des Dirigenten die Vorstellung der Pianistin zwecks Bekanntmachung gegenüber den Konzertbesuchern.	Zu Beginn stellte der Dirigent den Konzertbesuchern die Pianistin vor.
Die Notwendigkeit der Errichtung einer neuen Schule ergab sich aus dem Zuzug vieler junger Familien.	Es musste eine neue Schule errichtet werden, weil in letzter Zeit viele junge Familien neu zugezogen sind.
Lehrer zu Schülern: „Die Sauberhaltung eures Klassenraums fällt in euren eigenen Aufgabenbereich."	„Eure Klasse müsst ihr selber sauber halten!"

Der Artikel

(Geschlechtswort/Begleiter; Plural: die Artikel, lat.: Gelenk)

Der Artikel begleitet das Nomen, zeigt dessen **grammatisches Geschlecht** an (Geschlechtswort) und wird mit dem Nomen zusammen dekliniert (gebeugt).

Bestimmter und unbestimmter Artikel

3

Man unterscheidet

- **den bestimmten Artikel:**
  der Hund, **die** Katze, **das** Pferd, **die** Pferde
- **den unbestimmten Artikel: ein** Hund, **eine** Katze, **ein** Pferd

Im Plural gibt es keinen unbestimmten Artikel. Das Nomen wird entweder ohne Artikel verwendet oder man behilft sich mit Pronomen (↗ Fürwörtern, S. 57–61) wie: viele, manche, einige.

Benutzt man den bestimmten Artikel, ist das Nomen dadurch als bekannt gekennzeichnet.

BEISPIEL **Der** Klassenlehrer **der** Klasse 7b **heißt** Schneider.

Wenn man den unbestimmten Artikel verwendet, kennzeichnet man das Nomen als noch nicht bekannt oder als im Text noch nicht genannt.

BEISPIEL **Ein** Löwe lag schlafend in **einer** Höhle und **eine** Maus lief munter auf seinem Kopf herum. Da wachte der Löwe plötzlich auf …

Der Artikel kann in eine Präposition (↗ S. 66–68) eingeschlossen sein.

BEISPIEL Er setzte sich **ans** Fenster.

(Ebenso: aufs, beim, im, ins, fürs, vorm, zum, zur)

Deklination

Der Artikel wird gemeinsam mit dem Nomen dekliniert (↗ Deklination von Nomen, S. 51).

Bestimmter Artikel

	Maskulinum	Femininum	Neutrum
Singular (Einzahl)	der Hund des Hundes dem Hund den Hund	die Katze der Katze der Katze die Katze	das Tier des Tieres dem Tier das Tier
Plural (Mehrzahl)	die Hunde der Hunde den Hunden die Hunde	die Katzen der Katzen den Katzen die Katzen	die Tiere der Tiere den Tieren die Tiere

Unbestimmter Artikel

	Maskulinum	Femininum	Neutrum
Singular (Einzahl)	ein Hund eines Hundes einem Hund einen Hund	eine Katze einer Katze einer Katze eine Katze	ein Tier eines Tieres einem Tier ein Tier

(Vom unbestimmten Artikel lässt sich kein Plural bilden.)

Für Ausländer ist es nicht einfach, den richtigen Artikel zu setzen. Das zeigen die Ausführungen des Schriftstellers Mark Twain über seine Reise nach Europa:

> „Im Deutschen hat ein Fräulein kein Geschlecht, wohl aber ein Kürbis. Welche übermäßige Hochachtung vor dem Kürbis und welch kaltherzige Missachtung der unverheirateten jungen Dame sich hier verrät! Ein Baum ist männlich, seine Knospen aber sind weiblich und seine Blätter sächlich, Pferde sind geschlechtslos, Hunde sind männlich, Katzen weiblich, Mund, Hals, Busen, Ellenbogen, Finger, Nägel, Füße und Rumpf eines Menschen sind männlichen Geschlechts, was auf dem Hals sitzt, ist entweder männlich oder sächlich, aber das richtet sich nach dem Wort, das man dafür benutzt …"

Das Pronomen

(Fürwort; Plural: Pronomina; lat.: für das Nomen)
Ein Pronomen kann im Satz für ein Nomen stehen.

BEISPIEL

Karin füttert den Hund.
Sie füttert **ihn.**

Viele Pronomen können auch, wie der Artikel, das Nomen begleiten.

BEISPIEL

Dieser Hund gehört Carina.
Es ist **ihr** Hund.

3

Es gibt mehrere Arten von Pronomen, die jeweils unterschiedliche Funktionen haben. (↗ Unterschiedliche Pronomen und ihre Funktionen, S. 60–61)

BEISPIEL

Der Friseur rasiert **ihn.** (Personalpronomen)
Er rasiert **sich** (selbst). (Reflexivpronomen)

Deklination

Pronomen lassen sich mit dem Nomen zusammen oder allein deklinieren (↗ Deklination von Nomen, S. 51).

BEISPIEL Demonstrativpronomen im *Maskulinum*

Singular (Einzahl)	
Nominativ	dieser Hund
Genitiv	dieses Hundes
Dativ	diesem Hund
Akkusativ	diesen Hund

Plural (Mehrzahl)	
Nominativ	diese Hunde
Genitiv	dieser Hunde
Dativ	diesen Hunden
Akkusativ	diese Hunde

BEISPIEL Indefinitpronomen (↗ Unterschiedliche Pronomen und ihre Funktionen, S. 60–61)

Nominativ	jemand
Genitiv	jemandes
Dativ	jemand/jemandem
Akkusativ	jemand/jemanden

Überblick: Deklination des Personalpronomens

		1. Person	2. Person	3. Person		
Singular (Einzahl)				*Maskulinum*	*Femininum*	*Neutrum*
	Nominativ	ich	du	er	sie	es
	Genitiv	meiner	deiner	seiner	ihrer	seiner
	Dativ	mir	dir	ihm	ihr	ihm
	Akkusativ	mich	dich	ihn	sie	es
Plural (Mehrzahl)	Nominativ	wir	ihr		sie	
	Genitiv	unser	euer		ihrer	
	Dativ	uns	euch		ihnen	
	Akkusativ	uns	euch		sie	

BEISPIELE

1. Person

Ich verreise.
Die Frau erinnert sich **meiner.**
Leih **mir** das Buch.
Pia mag **mich.**

Wir verreisen.
Die Frau erinnert sich **unser.**
Leih **uns** das Buch.
Pia mag **uns.**

2. Person

Hast **du** daran gedacht?	Habt **ihr** daran gedacht?
Er nimmt sich **deiner** an.	Er nimmt sich **euer** an.
Sie hilft **dir.**	Sie hilft **euch.**
Er hat **dich** nicht gesehen.	Er hat **euch** nicht gesehen.

3. Person

Er schläft schon.	**Sie** schlafen schon.
Der Lehrer erinnert sich **seiner.**	Er erinnert sich **ihrer.**
Das Geld gehört **ihr.**	Das Geld gehört **ihnen.**
Er denkt an **ihn.**	Er denkt an **sie.**

BEACHTE Die Höflichkeitsformen wie *Sie, Ihnen, Ihre* werden immer großgeschrieben.

Im Brief:

Ich wünsche **Ihnen** für **Ihren** Urlaub noch gute Erholung.
Grüßen **Sie** auch **Ihren** Mann und **Ihren** Sohn von mir.

Tschüs!
Ihre Tina Carsten

BEACHTE Die Indefinitpronomen (unbestimmte Fürwörter) *man* und *etwas* lassen sich nicht deklinieren.

In dem folgenden Text arbeitet der Verfasser R.O. Wiemer mit einer Häufung von Indefinitpronomen.

„Es war jemand, der hieß Niemand. Niemand hätte ihn für jemand anderen gehalten als Niemand, denn Niemand war niemandem unbekannt. Und wenn Niemand auf der Straße jemandem begegnete, oder gar, wenn Niemand jemanden grüßte, was selten vorkam, denn Niemand freundete sich nur zögernd mit jemandem an, so konnte man jemanden den Hut ziehen sehen und sagen hören: ‚Habe die Ehre, Herr Niemand'…"

Überblick:
Unterschiedliche Pronomen und ihre Funktionen

Lateinische Bezeichnung	Personalpronomen	Relativpronomen	Interrogativpronomen
Deutsche Bezeichnung	Persönliches Fürwort	Bezügliches Fürwort	Fragefürwort
Leistung/ Funktion	Es benennt die Rolle im Gespräch: – Sprecher/in – Angesprochene/r – Besprochene/r Es vertritt Nomen.	Es zeigt an, auf welches Wort sich der nachfolgende Relativsatz bezieht.	Es fragt nach etwas oder nach jemandem, der oder das noch nicht oder noch nicht genau bekannt ist.
Beispiele	ich, wir, du, ihr, sie, meiner, euer, uns, euch	der, die, das, welcher, welche, welches, wer, was Die Kinder, **die** ins Schullandheim fahren, haben keine Schule.	wer? was? welche/r/n? was für ein?

Indefinit-pronomen	**Possessiv-pronomen**	**Demonstrativ-pronomen**	**Reflexiv-pronomen**
Unbestimmtes Fürwort	Besitzanzeigendes Fürwort	Hinweisendes Fürwort	Rückbezügliches Fürwort
Es benennt die Rolle von jemandem oder von etwas, den oder das man nicht genau kennt oder das man nicht genau bestimmen will.	Es zeigt Besitz oder Zugehörigkeit an.	Es zeigt auf jemanden oder etwas, den oder das man kennt.	Es bezieht sich auf das Subjekt des Satzes.
einer, man, jemand, etwas, alle	meine, deine, unsere, sein	dieser, jener, derjenige, solche	Ich denke **mir** mein Teil. Jana erinnert **sich** an mich.

Lerncheck

Kapitel „Das Nomen, seine Begleiter und Stellvertreter“	O.K. ✔	Das muss ich noch mal lesen
Ich kann erklären, was ein Nomen ist und was es bezeichnet.		S. 49
Ich kann zwischen Abstrakta und Konkreta unterscheiden.		S. 49
Ich kann bei Nomen zwischen Genus (Geschlecht), Kasus (Fall) und Numerus (Einzahl/Mehrzahl) unterscheiden.		S. 50–53
Ich kann bei der Bildung von Nomen zwischen Zusammensetzung und Ableitung unterscheiden.		S. 53
Ich kann erklären, wodurch ein Nominalstil gekennzeichnet ist.		S. 54
Ich kann die Aufgabe des Artikels benennen und einen Artikel, zusammen mit dem Nomen, deklinieren.		S. 55, 56
Ich kann zwischen bestimmtem und unbestimmtem Artikel unterscheiden.		S. 55
Ich kann unterschiedliche Arten von Pronomen benennen und ihre Funktion im Satz erklären.		S. 57–61

3.3 Das Adjektiv
(Eigenschaftswort; Plural: Adjektive, lat.: das Beigefügte)

Das Adjektiv gibt Eigenschaften von Lebewesen, Dingen, Tätigkeiten, Vorgängen und Zuständen an. Die Eigenschaften lassen sich mit der Frage „Wie ist es?“ ermitteln.

Das Adjektiv tritt im Satz vor allem in folgender Weise auf:

- **attributiv**
  Es kennzeichnet im Satz (↗ als Attribut/Beifügung, S. 90) ein Nomen genauer und wird mit diesem zusammen dekliniert.
  BEISPIEL
  Tim hat einen **kleinen** Hund. (Wie ist der **Hund**?)
- **prädikativ**
  Es kennzeichnet im Satz das Verb (↗ als Satzglied Prädikat, S. 84–85). Dabei wird es nicht dekliniert.
  BEISPIEL Johanna singt **fröhlich.** (Wie **singt** Johanna?)

3

Vergleichsformen und Steigerung

Die meisten Adjektive können Vergleichsformen bilden und gesteigert werden.

Positiv	(Grundstufe):	Sven ist ziemlich **groß.**
Komparativ	(Vergleichsstufe):	Pia ist **größer** als Sven.
		Pia ist eine **größere** Schülerin als Anna.
Superlativ	(Höchststufe):	Lara ist **am größten.**
		Lara ist die **größte** Schülerin der Klasse.

FEHLERQUELLE Bei dem Vergleichen von Eigenschaften steht bei der **Grundstufe „wie"** und bei der **Vergleichsstufe** steht **„als"**.

BEISPIEL

Sven ist **genauso groß wie** Anna.
Anna ist **größer als** Pauline.

Eine Reihe von Adjektiven wird **unregelmäßig gesteigert.**

BEISPIELE

gut, besser, am besten
viel, mehr, am meisten
hoch, höher, am höchsten
nah, näher, am nächsten

Einige Adjektive lassen sich **nicht steigern,** weil sie bereits ein absolutes Urteil oder eine Höchststufe ausdrücken.

BEISPIELE

rund, tot, weiß, schwarz, absolut, ausgezeichnet, einzig

BEACHTE Es gibt also keine „einzigste", sondern nur eine einzige Jeans.

Partizip und Adjektiv

(Partizip von lat.: pars = Teil)

Das Partizip ist halb Verb und halb Adjektiv. Es gibt zwei Formen von Partizipien. Beide werden vom Verb gebildet.

- **Partizip Präsens** (Partizip I): **singend** von *singen*
- **Partizip Perfekt** (Partizip II): **aufgeschrieben** von *aufschreiben*

Beide Formen lassen sich im Text als Adjektiv verwenden. Sie werden deshalb auch wie Adjektive dekliniert.

BEISPIELE

Sie hören den **singenden** Kindern zu.
Er schaut sich die **aufgeschriebenen** Geschichte an.

Zur Bildung von Adjektiven
(↗ Bildung von Nomen, S. 52–53, ↗ Bildung von Verben, S. 39)

- **Zusammensetzungen** mit der gleichen Wortart oder mit einer anderen Wortart:
  hellblau, zuckersüß, schreibfaul, vorschnell, dreieckig, überdeutlich
- **Ableitungen durch Präfix** (Vorsilbe), **Suffix** (Nachsilbe) und **Umlaut**
  - **Ableitung aus Adjektiven:**
    treu – untreu, alt – uralt, günstig – missgünstig, grün – grünlich, krank – kränklich – krankhaft
  - **Ableitung aus Verben:**
    hören – hörbar, zerbrechen – zerbrechlich, liefern – lieferbar
  - **Ableitung aus Nomen:**
    Mühe – mühsam, Glas – gläsern, Gold – golden, Macht – mächtig, Eisen – eisern, Weib – weiblich

3.4 Nichtflektierbare Wortarten

Die Wortarten Präposition (Verhältniswort), Konjunktion (Bindewort), Adverb (Umstandswort) und Interjektion (Empfindungswort) kann man zu den Partikeln (Fügewörtern, lat.: kleine Teilchen) zählen. Sie werden im Satz **nicht verändert** (flektiert). Als Fügewörter sind diese Wörter in Sätzen und Texten unbedingt notwendig. Das zeigt die folgende kurze Nachricht, in der die Partikeln unterstrichen sind.

> **Füchse <u>übers</u> Eis**
> Füchse bedrohen den Seevogelbestand <u>und</u> das ökologische Gleichgewicht der Nordseeinsel Amrum. Die Tiere hätten <u>im</u> Winter <u>von</u> Sylt <u>aus</u> den Weg <u>über</u> das Eis <u>zur</u> <u>bisher</u> fuchsfreien Nachbarinsel gefunden <u>oder</u> seien absichtlich ausgesetzt worden, berichtete <u>am</u> Freitag Naturschutzbeauftragter Georg Quedens.

Die Präposition

(Verhältniswort/Fügewort; Plural: die Präpositionen, von lat.: präponere = voranstellen)

Präpositionen fügen Satzglieder in den Satz ein. Dies drückt auch die deutsche Bezeichnung **Fügewort** aus. Sie können vor einem Nomen (Substantiv), einem Pronomen oder auch vor einem Adverb oder Adjektiv stehen.

Im Satz geben die Präpositionen **Beziehungsverhältnisse** an.

1 Sie steht **mit** ihrer Freundin **auf** dem Schulhof.
2 Sie läuft jeden Tag **zwischen** fünf und sechs eine kleine Runde.
3 Das Bild hält sie **für** gut.

Ort und Raum 1
(wo? woher? wohin? …)

an, auf, aus, bei, mit, nach, um, vor, zwischen …

Zeit und Dauer 2
(wann? wie lange? wie oft? …)

ab, bis, gegen, mit, unter, vor, zwischen …

Grund, Ursache, Umstand 3
(warum? wozu? womit? worüber? wie? …)

aus, bei, für, mit, über, dank, wegen, trotz, zu …

Präposition und Kasus

Die meisten Präpositionen fordern im Satz einen bestimmten Kasus (Fall) (↗ Kasus von Nomen, S. 51).

- **Genitiv:** infolge, jenseits, während, wegen
- **Dativ:** außer, bei, mit, nach, seit, zu
- **Akkusativ:** durch, für, gegen, ohne, um, wider
- **Dativ oder Akkusativ:** an, auf, hinter, in, neben, über, unter, vor, zwischen

LERNTIPP Mithilfe von Fragen lässt sich herausfinden, welche der möglichen Präpositionen den Dativ und welche den Akkusativ fordert.

Auf die Frage *Wo?* folgt der **Dativ.**
BEISPIEL Sie sitzt **in dem Klassenzimmer.**
Frage: Wo sitzt sie?
Antwort: In dem Klassenzimmer.

Auf die Frage *Wohin?* folgt der **Akkusativ.**
BEISPIEL Sie geht **in das Klassenzimmer.**
Frage: Wohin geht sie?
Antwort: In das Klassenzimmer.

Präposition und Verb

Manche Präpositionen gehören fest zu bestimmten Verben. Sie fügen ein Satzglied als notwendiges, vom Verb gefordertes (präpositionales) Satzglied in den Satz ein (↗ präpositionales Objekt, S. 87).
BEISPIEL Wir **hoffen auf** besseres Wetter.

Diese Präpositionen zeigen jedoch keine besonderen Bedeutungsverhältnisse wie Zeit, Raum oder Ort auf.
BEISPIELE
achten **auf,** sich erinnern **an,** bangen **um,** sich kümmern **um,** warten **auf**

Präposition und Artikel

Im Satz verschmelzen manchmal Präposition und Artikel zu einem Wort.
BEISPIELE
bei dem Spiel – **beim** Spiel
an das Arbeiten – **ans** Arbeiten

Präposition und Konjunktion
Manche Präpositionen können auch als Konjunktionen gebraucht werden, zum Beispiel *als, während, bis.*
Präposition:
Er wartete **bis** fünf Uhr.
Konjunktion:
Er wartete so lange, **bis** sie endlich kam.

Präposition:
Während seiner Abwesenheit wurde bei ihm eingebrochen.
Konjunktion:
Während er außer Haus war, wurde bei ihm eingebrochen.

Die Konjunktion

(Bindewort; Plural: die Konjunktionen, lat.: coniungere = verbinden; *↗ Satzverbindungen, S. 99–100)*
Die Bezeichnung **Bindewort** verweist auf die Aufgabe dieser Wortart im Satz. Mit Konjunktionen kann man Wörter, Satzglieder und Sätze verbinden.

Nebenordnende Konjunktionen
- Diese verbinden **gleichrangige** Wörter, Wortgruppen und Sätze miteinander.

  BEISPIELE
  - für die Verbindung **gleichrangiger Wörter:**
    Larissa **und** Tina sind gute Freundinnen.
  - für die Verbindung **gleichrangiger Wortgruppen:**
    Sie sprechen über die erste Tanzstunde, die letzte Klassenarbeit **sowie** über allerlei Heimlichkeiten.
  - für die Verbindung **gleichrangiger Sätze:**
    Sie kann zwar nicht gut zeichnen, **aber** dafür kann sie gut singen.

Bedeutungsleistungen von nebenordnenden Konjunktionen

- **Verbindung, Reihung (kopulativ)**
  und, sowie, sowohl … als auch, das heißt, weder … noch:
  Als Kind hat er **sowohl** die Masern **als auch** die Windpocken durchgemacht.
- **Grund, Ursache (kausal)**
  denn, daher, darum, deshalb, also:
  Es könnte wirklich sein, dass es gleich regnet, **deshalb** haben wir es so eilig.
- **mehrere Möglichkeiten (alternativ)**
  oder, entweder … oder, beziehungsweise:
  Entweder wir bekommen noch Karten für das Festival **oder** wir müssen uns die Übertragung im Radio anhören.
- **Gegenteil (adversativ)**
  aber, trotzdem, sondern, doch, dennoch:
  Wir haben nicht Erdkunde, **sondern** Geschichte.
- **Begleitumstände (modal)**
  und, als, je … desto, insofern:
  Mein kleiner Bruder kennt sich in Sachen Fußball viel besser aus **als** ich.

Unterordnende Konjunktionen

Diese Konjunktionen fügen Nebensätze (Gliedsätze) in den übergeordneten **Hauptsatz** (oder Trägersatz) ein. Sie verbinden die beiden Sätze zu einem **Satzgefüge** (↗ S. 99).

Hauptsatz — **konjunktionaler Nebensatz**

Konjunktion ↓

Mia ist ärgerlich, **weil** einige nicht zu der Fete gekommen sind.

Nebensätze, die durch eine unterordnende Konjunktion eingeleitet werden, heißen konjunktionale Nebensätze (↗ S. 98).

BEACHTE Hauptsatz und Nebensatz werden immer durch ein **Komma** getrennt.

Bedeutungsleistungen von unterordnenden Konjunktionen
- **Grund (kausal):** da, weil
- **Zeit (temporal):** nachdem, als, bevor
- **Absicht, Zweck (final):** damit, dass, auf dass
- **Bedingung (konditional):** sofern, je nachdem, ob, wenn, falls
- **Folge (konsekutiv):** so dass, so … dass, dass
- **Gegenteil (adversativ):** obgleich, obwohl, anstatt dass

Das Adverb

(Umstandswort; Plural: Adverbien, lat.: zum Verb gehörig)
Das Adverb gehört zu den nicht flektierbaren Wortarten (↗ S. 19) und bestimmt die näheren Umstände eines Geschehens. Dies drückt die deutsche Bezeichnung **Umstandswort** aus.

BEISPIELE heute, gestern, kaum, sehr
Frageadverbien: wann? wie? wo?

Die Bezeichnung Adverb (zum Verb gehörig) ist insofern missverständlich, als das Adverb im Satz auch in anderen Zusammenhängen auftreten kann.
- Das Adverb steht beim **Verb** und kennzeichnet die Tätigkeit genauer:
  Sie liest **gern** Krimis.
- Das Adverb gehört zum ganzen **Satz:**
  Er fährt **heute** zum Schwimmbad.
- Das Adverb kennzeichnet ein **Adjektiv** genauer:
  Er fährt **sehr** früh los.

Bedeutungsleistungen von Adverbien

Ort und Richtung (Lokaladverb) (wo? wohin? woher? …) hier, dort, dorthin, draußen, hierher …	**Zeit (Temporaladverb)** (wann? wie lange? …) heute, jetzt, bald, neulich, zunächst, dann …
Grund (Kausaladverb) (warum?) darum, daher, deshalb …	**Art und Weise (Modaladverb)** (wie? auf welche Weise? …) sehr, gern, ziemlich, so, möglicherweise …

Adverb und Adjektiv

Adverb und Adjektiv können leicht verwechselt werden.

- **Adverb:** Er verabredet sich **heute** mit Anna.
- **Adjektiv:** Er verabredet sich am **heutigen** Tag mit Anna.

Im Gegensatz zum Adjektiv kann das Adverb **nicht flektiert** und in der Regel **nicht gesteigert** werden.
Im Satz haben Adjektiv und Adverb manchmal gleiche Aufgaben, zum Beispiel in der Rolle eines Adverbiales der Art und Weise (↗ S. 89).
Adverb: Sie liest **gern.**
Adjektiv: Sie liest **aufmerksam.**

BEACHTE Das Adverb ist eine Bezeichnung für eine Wortart; es ist nicht zu verwechseln mit dem Begriff **Adverbiale** (adverbiale Bestimmung/Umstandsbestimmung). Dieser Begriff bezeichnet ein Satzglied und seine Aufgabe im Satz (↗ S. 88).

Die Interjektion
(Empfindungswort/Ausrufewort, lat.: das Dazwischengeworfene)
Interjektionen sind nicht flektierbar. Sie werden häufig in Gesprächen gebraucht und bilden dann, vor allem in gesprochenen Texten, einen Kurzsatz (eine Satzellipse) oder sie werden einem Satz vorangestellt. Sie drücken unterschiedliche **Empfindungen** aus.

BEISPIELE
Aua!
Ach, wäre ich doch jetzt bei dir!
Brrr! Bäh!
Ssst, seid doch mal still!

3.5 Das Numerale

(Plural: die Numeralia, die Numeralien, lat.: Zahlwort)

Als Numeralia werden alle Wörter bezeichnet, die eine **bestimmte oder unbestimmte Zahl oder Menge** angeben.
Als **Begleiter des Nomens** wird das Numerale auch **Zahladjektiv** genannt.
BEISPIELE **viele** Leute, die **zwei** Mädchen.

Als **Vertreter eines Nomens** wird es auch **Numeralpronomen** bzw. **Indefinitpronomen** genannt. (↗ Indefinitpronomen, S. 59)
BEISPIELE
Einer wird gewinnen.
Wenige kamen durch.

Es gibt verschiedene **Arten von Numeralia.** Man unterscheidet zum Beispiel folgende:

- **Kardinalzahlen (Grundzahlen):** eins, zwei, drei
- **Ordinalzahlen (Ordnungszahlen):** der Erste, der Zweite
- **Bruchzahlen:** ein viertel Liter
- **Vervielfältigungs- und Wiederholungszahlwörter:** einfach, zweimal
- **unbestimmte Zahlwörter:** einige, mehrere, manche

In dem folgenden Zeitungsbericht tauchen gehäuft Zahlwörter auf.

Größte Pizza der Welt: 500 Gäste

Die angeblich größte Pizza der Welt mit einem Durchmesser von fünf Metern hat am Wochenende der aus Sardinien nach Spanien ausgewanderte Italiener Augusto Cesare in Aguadulce bei Almería gebacken. Der 36-jährige Pizza-Bäcker verarbeitete bei seiner „Capricciosa" 200 Kilo Mehl, 130 Kilo Käse, 65 Kilo Tomaten, 17 Kilo Kapern, 18 Kilo Champignons und 60 Kilo Thunfisch. 500 Gäste aßen sich an der Pizza satt.

Lerncheck

Kapitel „Adjektiv, nichtflektierbare Wortarten, Numerale“	O.K. ✓	Das muss ich noch mal lesen
Ich kann zwischen attributivem und prädikativem Gebrauch des Adjektivs unterscheiden.		S. 63
Ich kann bei der Bildung von Adjektiven zwischen Zusammensetzungen und Ableitungen unterscheiden.		S. 65
Ich kann unterschiedliche Partikeln nennen.		S. 65–72
Ich kann die Aufgabe von Präpositionen im Satz benennen.		S. 66
Ich kann an Beispielen erklären, welche Präpositionen den Akkusativ bzw. Dativ erfordern.		S. 66, 67
Ich kann zwischen nebenordnenden und unterordnenden Konjunktionen unterscheiden und ihre Bedeutungsleistungen benennen.		S. 68–70
Ich kann die Aufgabe des Adverbs im Satz und seine Bedeutungsleistungen benennen.		S. 71
Ich kann Adjektiv und Adverb unterscheiden.		S. 71
Ich kann verschiedene Arten von Numeralia unterscheiden.		S. 72, 73

Vom Satz

4.1 Satzarten

Mit Sätzen kann man unterschiedliche **Absichten** verfolgen. Die Grundabsichten eines jeden Sprechers/einer jeden Sprecherin verdeutlichen die drei Satzarten **Aussagesatz, Fragesatz** und **Aufforderungssatz:** etwas aussagen, jemanden nach etwas fragen, jemanden zu etwas auffordern.
Zusätzlich kann man mit Sätzen aber auch noch weitere Absichten ausdrücken: etwas beurteilen, etwas beschreiben, über etwas berichten, etwas erklären, jemanden um etwas bitten, jemandem antworten, seine Gefühle zum Ausdruck bringen.

Aussagesatz

Mit einem Aussagesatz kann man etwas aussagen, mitteilen, feststellen.

BEISPIEL Kati kommt heute zur Fete.

Der Aussagesatz schließt mit einem **Punkt** ab. Das finite (gebeugte/konjugierte) **Verb** steht im Aussagesatz **an zweiter Stelle** der Satzglieder.
Bei zusammengesetzten Verben oder Verbformen steht ein Teil des Verbs **am Schluss.**

Kati **kommt** heute Abend am Hauptbahnhof **an.**

Kati **wird** heute **kommen.**

Die beiden Teile des Verbs bilden zusammen die **Verbklammer.**

Fragesatz

Mit einem Fragesatz kann man eine Frage formulieren. Er schließt mit einem **Fragezeichen** ab. Man unterscheidet:

- **Entscheidungsfrage**

  BEISPIEL **Kommst** du mit?

  Am Anfang steht das **konjugierte** Verb.
  Antwort auf die Entscheidungsfrage: Ja/Nein/Vielleicht.
  Die Entscheidungsfrage heißt auch **Satzfrage,** weil der gesamte Inhalt des Fragesatzes bejaht oder verneint wird.

- **Ergänzungsfrage oder W-Frage**

  BEISPIEL **Wann** kommst du heute Abend?

  Am Anfang des Satzes steht ein **Fragewort.**
  Die Antwort richtet sich nach dem Inhalt der Frage.

Aufforderungssatz

Das konjugierte Verb steht mit der **Imperativform** (↗ S. 35) **am Anfang.** Der Satz schließt mit einem **Ausrufezeichen.**

BEISPIELE

Komm doch bitte mal her!
Gebt mir mal die Hefte rüber!

Neben dem Aufforderungssatz gibt es noch andere Möglichkeiten, Aufforderungen zu formulieren (↗ Indirekte Aufforderungen, S. 77).

Ausrufesatz und Wunschsatz

Auch diese Satzarten schließen mit einem **Ausrufezeichen.**

BEISPIELE

Wenn ich doch Skat spielen könnte!
Das ist ein tolles Buch!
Was für ein spannender Film das war!

Im Ausrufesatz kann das Prädikat (↗ S. 84–85) – je nach Betonung – an verschiedenen Stellen des Satzes stehen. Er kann daher nur vom Inhalt her als eigene Satzart erkannt werden.

Indirekte Aufforderungen

Nicht immer stimmt die **Redeabsicht** (aussagen, fragen, auffordern) mit der jeweiligen **Satzart** überein. Auch mit einem Fragesatz kann man in einer bestimmten Situation jemanden auffordern.

BEISPIELE
Hältst du vielleicht mal deinen Mund!
Würdet ihr jetzt wohl die Tafel putzen!

Man spricht in diesem Zusammenhang auch von indirekten Aufforderungen.

Die direkten Aufforderungen dagegen kann man in der Regel an der Imperativform (↗ Befehlsform, S. 35) des Verbs erkennen.

BEISPIEL **Putz** bitte mal die Tafel!

Lerncheck

Kapitel „Satzarten“	O. K. ✓	Das muss ich noch mal lesen
Ich kann die drei wichtigsten Absichten benennen, die man als Sprecher mit einem Satz verfolgen kann.		S. 75
Ich kann einen Aussagesatz kennzeichnen und dazu einzelne Merkmale benennen.		S. 75
Ich kann bei einem Fragesatz zwischen Entscheidungsfrage und Ergänzungsfrage unterscheiden.		S. 76
Ich kann Kennzeichen für einen Aufforderungssatz benennen.		S. 76
Ich kann die Unterschiede zwischen Ausrufesatz und Wunschsatz erklären.		S. 76
Ich kann zwischen direkten und indirekten Aufforderungen unterscheiden.		S. 77

4.2 Satzglieder, die Bestandteile des Satzes

Ein grammatisch korrekter Satz ist in bestimmter Weise aufgebaut. So sind die Satzglieder **Subjekt** und **Prädikat** die **Grundbestandteile aller Sätze.** In einem grammatisch vollständigen Satz müssen mindestens Subjekt und Prädikat vorkommen (↗ Subjekt, S. 83, ↗ Prädikat, S. 84–85).

BEISPIELE

Svenja liest.

Es regnet.

Timo hilft seiner kleinen Schwester.

Nicht die Wörter sind also die Bausteine eines Satzes, sondern die **Satzglieder.**

Umstellprobe (Verschiebeprobe)

Welche Wörter zu einem Satzglied gehören, lässt sich durch die Umstellprobe oder Verschiebeprobe feststellen. Die Wörter, die bei der Umstellprobe zusammenbleiben, gehören zu einem Satzglied.

Die beiden Mädchen | backen | leckere Waffeln .

Leckere Waffeln | backen | die beiden Mädchen .

Backen | die beiden Mädchen | leckere Waffeln ?

Bei **zusammengesetzten Verben oder Verbformen** (↗ Verbklammer, S. 75) funktioniert die Umstellprobe so:

Boris | hat | heute | seine Hausaufgaben | vergessen .

Heute | hat | Boris | seine Hausaufgaben | vergessen .

Die Umstellprobe macht auch deutlich, dass das verbale Satzglied der wichtigste Baustein des Satzes ist. Im Aussagesatz steht das **konjugierte Verb** immer an zweiter Stelle. Die anderen Satzglieder „drehen sich“ um das Verb. Es bestimmt daher den Aufbau des Satzes.

LERNTIPP Mithilfe der Umstellprobe kannst du deine Aufsätze überarbeiten. Probiere im Textzusammenhang aus, welche Stellung der Satzglieder sinnvoll ist, um den Satzbau zu variieren.

Ersatzprobe

Ein Satzglied kann aus einem Wort oder aus mehreren Wörtern bestehen. Das kann man mit der **Ersatzprobe** beweisen, in der ein Satzglied durch andere Ausdrücke ersetzt wird.

Meine Freundin Pia	sieht	einen Ring	im Schaufenster	.
Sie	sieht	ihn	dort	.

LERNTIPP Mit der Ersatzprobe kannst du beim Schreiben ausprobieren, welche Ausdrücke im Textzusammenhang passen. Auch mit dieser Probe kannst du deine Schreibweise variieren, zum Beispiel ein Nomen durch ein Pronomen ersetzen oder umgekehrt. Hier ein Beispiel für Textvariationen:

Plötzlich hatte der Mann keinen Durst mehr. Dabei hatte

der Mann	noch gar nichts zu trinken bekommen. Doch als
der Partygast	

der Mann	plötzlich	das grasgrüne Getränk sah, das er
er	auf einmal	

bekommen	sollte, verlor er	plötzlich	seinen Appetit.
entgegennehmen		unversehens	

Abstreichprobe und Erweiterungsprobe

Mit der **Abstreichprobe** kannst du einen Satz bis auf die notwendigen Satzglieder und Satzgliedteile kürzen:

Der weltbekannte Lügenbaron **Münchhausen erzählt** den in seinem Salon versammelten Gästen an einem langen Winterabend unglaubliche **Lügengeschichten** aus aller Welt.
→ Münchhausen erzählt Lügengeschichten.

Mit der **Erweiterungsprobe** kann man kurze Sätze um weitere Satzglieder und Satzgliedteile erweitern:

> Münchhausen berichtet von dem Ritt auf einer Kanonenkugel.
> → Der Baron von **Münchhausen berichtet** seinen staunenden Zuhörern **von dem** unglaublichen **Ritt auf einer Kanonenkugel**, der ihn in aller Welt bekannt gemacht hat.

LERNTIPP Auch mithilfe der Abstreichprobe und der Erweiterungsprobe kannst du deine eigenen Texte überarbeiten: Entweder kannst du, wenn notwendig, deinen Text raffen und Überflüssiges streichen oder du kannst ihn durch zusätzliche Informationen anschaulicher und genauer machen. Nachfolgend ein Beispiel für sinnvolle Streichungen und Ergänzungen.

> *Der nicht ganz gelungene Text:*
> Eines Tages machen Maus und Elefant eine Wanderung. Unterwegs machen Maus und Elefant ein Picknick. Die Maus schnürt ihren Rucksack auf. Die Maus nimmt ein Weizenkorn aus ihrem Rucksack. Der Elefant hat sein Frühstück vergessen. Der Elefant schaut die Maus hungrig an. Daraufhin meint die Maus großzügig zum Elefanten: „Willst du mal beißen?"
>
> *Der überarbeitete Text:*
> Eines Tages machen Maus und Elefant eine *schöne* Wanderung. Unterwegs *veranstalten sie* ein Picknick. Die *hungrige* Maus schnürt ihren *winzigen* Rucksack auf und *kramt* daraus ein Weizenkorn *hervor.* Der Elefant hat *natürlich mal wieder* sein Frühstück *vergessen. Jetzt* schaut *er* hungrig die *knabbernde* Maus an. Daraufhin meint *diese* großzügig *zu ihrem* Freund: „Willst du mal beißen?"

Lerncheck

Kapitel „Satzglieder, die Bestandteile des Satzes“	O. K. ✓	Das muss ich noch mal lesen
Ich kann die Grundbestandteile eines grammatisch korrekten Satzes benennen.		S. 69
Ich kann mithilfe der Umstellprobe Satzglieder im Satz bestimmen.		S. 69
Ich kann Umstellprobe und Ersatzprobe unterscheiden.		S. 69, 70
Ich kann die Ersatzprobe erklären und was man damit im Textzusammenhang erreichen kann.		S. 70
Ich kann erklären, wie man eine Abstreichprobe macht und was man damit erreichen kann.		S. 71
Ich kann Abstreichprobe und Erweiterungsprobe unterscheiden.		S. 71
Ich kann begründen, warum es sinnvoll ist, die Satzproben beim eigenen Schreiben einzusetzen.		S. 69–71

4.3 Satzglieder und ihre Aufgaben im Satz

Subjekt

(Satzgegenstand)

Das Satzglied Subjekt spielt im Satz eine wichtige Rolle. Es drückt aus, wer oder was im Satz etwas ist, etwas tut, etwas veranlasst. Es steht immer im **Nominativ** (1. Fall). Man erfragt es mit „Wer oder was?"

Das Mädchen besucht seine Freundin.
Frage: **Wer** besucht seine Freundin?
Antwort: Das Mädchen (besucht seine Freundin).

Das Buch liegt auf dem Tisch.
Frage: **Was** liegt auf dem Tisch?
Antwort: Das Buch (liegt auf dem Tisch).

Subjektsatz

Das Satzglied Subjekt kann unterschiedlich besetzt sein. Es kann ein Nomen, ein Nomen mit Artikel, ein Nomen ohne Artikel, ein Nomen mit Pronomen, ein Adjektiv mit Artikel, ein Pronomen oder ein Infinitiv sein. Es kann auch aus einem ganzen Satz, einem **Nebensatz,** bestehen. Dies zeigt die folgende Ersatzprobe (↗ S. 80).

Das Erlebnis Ein Ausflug Unsere Fete Unser tolles Fest Es Einen schönen Ausflug zu machen **Dass du mitgekommen bist,** (Subjektsatz)	macht mir Freude.

Hier die Aufschlüsselung der verschiedenen Subjekte:

das Erlebnis	Nomen mit Artikel
ein Ausflug	Nomen mit Artikel
unsere Fete	Nomen mit Pronomen
unser tolles Fest	Nomen mit Pronomen u. Adjektiv
es	Pronomen
einen schönen Ausflug zu machen	erweiterter Infinitiv
dass du mitgekommen bist,	Nebensatz (Subjektsatz)

Ist das Subjekt ein ganzer Satz (Nebensatz), spricht man von **Subjektsatz.**

BEISPIEL **Dass du mitgekommen bist,** freut mich.
Frage: **Was** freut mich?
Antwort: Dass du mitgekommen bist.

Prädikat

(Satzaussage; lat.: das Ausgerufene, die Aussage)

Das Satzglied Prädikat besteht aus der **Personalform (konjugierten Form) des Verbs.** Es ist das wichtigste Satzglied im Satz. Im Aussagesatz steht es an zweiter, das heißt zentraler Stelle des Satzes (↗ Aussagesatz, S. 75).
Das Prädikat ist der Teil des Satzes, der über das Subjekt etwas aussagt: was es **ist,** was es **tut,** was mit ihm **geschieht.**

BEISPIEL Pauline **liest** heute ein schönes Buch.
Frage: **Was tut** Pauline heute?
Antwort: (Sie) liest (ein schönes Buch).

Das Prädikat muss in Person und Numerus mit dem **Subjekt** übereinstimmen.

BEISPIELE
Die Schülerin bereit**et** den Wandertag vor.
Die Schüler bereit**en** den Wandertag vor.

Man unterscheidet das **einfache** (einteilige) Prädikat und das **zusammengesetzte** (mehrteilige) Prädikat (↗ S. 75).

BEISPIELE

Sven **erwartet** seine Freundin Franzi.
Die Klasse 8a **hat** gestern eine Party **gefeiert.**

Im Satzglied Prädikat wird Unterschiedliches zum Ausdruck gebracht. Folgende Gesichtspunkte werden mit dem konjugierten Verb verdeutlicht (↗ Konjugation von Verben, S. 23–35).

- **Person:** 1., 2., 3. Person
- **Numerus (Anzahl):** Singular, Plural
- **Tempus (Zeit):** Präsens, Perfekt, Präteritum, Plusquamperfekt, Futur I, Futur II
- **Modus (Aussageweise):** Indikativ, Konjunktiv I, Konjunktiv II, Imperativ
- **Genus des Verbs (Handlungsart):** Aktiv, Passiv

Prädikativ

(lat.: die Aussage mitgestaltend)

Das Satzglied Prädikativ ist eng mit dem Prädikat verbunden. Es kommt nur **im Zusammenhang mit** ganz wenigen Verben vor: **sein, werden, bleiben, heißen, scheinen.**

Johanna ist **Schülerin.**
Karlo bleibt gesund.
Ich heiße **Peter.**
Sie bleibt **unsere Direktorin.**

Das Prädikativ bezeichnet eine Gleichsetzung, die sich auf das Subjekt bezieht.
Das Prädikativ kann aus verschiedenen **Wortarten** bestehen, zum Beispiel:

- **Nomen im Nominativ:** Er ist **Hausmeister.**
- **Adjektiv:** Sie bleibt **lange.**
- **Pronomen:** Er war **es.**

- **Numerale:** Sie waren **nur wenige.**
- **Adverb:** Das war damals **anders.**

Objekt

(Ergänzung; Plural: die Objekte, lat.: das Entgegengestellte)

Die meisten Sätze sind erst vollständig, wenn sie außer dem Subjekt und dem Prädikat zusätzlich ein **Objekt** haben. Ähnlich wie das Subjekt stehen auch die Objekte in engem Zusammenhang mit dem Prädikat. Sie sind notwendige, vom Prädikat geforderte Satzglieder. (↗ S. 95)

BEISPIELE

Wenzel schenkt ? ?
Hanna übergibt ? ?
So sind diese Sätze sinnvoll:
Wenzel schenkt seiner Freundin ein Buch .
Hanna übergibt ihrer Nachfolgerin das Klassenbuch .

Fallbestimmte Objekte

Bei den fallbestimmten Objekten hängt das Objekt – im 2., 3. oder 4. Fall – jeweils vom Verb ab.

Die folgende Gliederung orientiert sich an der Häufigkeit des Vorkommens.

- **Akkusativobjekt** (Hilfsfragen: Wen oder was?)
  BEISPIEL Lars besucht **seine Freundin.**
  Frage: **Wen** besucht Lars?
  Antwort: (Lars besucht) seine Freundin.
- **Dativobjekt** (Hilfsfrage: Wem?)
  BEISPIEL Sie hilft **ihrem kleinen Bruder.**
  Frage: **Wem** hilft sie?
  Antwort: (Sie hilft) ihrem kleinen Bruder.
- **Genitivobjekt** (Hilfsfrage: Wessen?)
  BEISPIEL Er bedarf **seiner Hilfe.**
  Frage: **Wessen** bedarf er?
  Antwort: (Er bedarf) seiner Hilfe.

Objekt mit Präposition/präpositionales Objekt

Verben wie *suchen (nach), sprechen (mit), warten (auf)* stehen jeweils in enger Verbindung mit einer Präposition (↗ S. 67). Diese Verben erfordern Objekte (↗ Ergänzungen, S. 86), deren Kasus (Fall) von den Präpositionen bestimmt wird.

Hilfsfragen sind:
Wonach? Nach wem? Nach was?
Worauf? Auf wen? Auf was?

BEISPIEL Ich suche **nach meinem Bruder.**
Frage: **Nach wem** suche ich?
Antwort: (Ich suche) **nach meinem Bruder.** (= präpositionales Objekt)

Objektsatz

Wie das Satzglied Subjekt kann auch das Satzglied Objekt ein ganzer Satz (**Nebensatz**) sein. Ein solcher Nebensatz, der im Gesamtsatz die Aufgabe des Objekts übernimmt, heißt Objektsatz.

	Akkusativobjekt:
Timo weiß	die Neuigkeit. es. **, dass die letzte Stunde ausfällt.** (Objektsatz)
	präpositionales Objekt:
Alle Schüler warten	auf das Schellen.
Alle Schüler warten darauf	**, dass es endlich schellt.** (Objektsatz)
Sina freut sich	über die Geburtstagseinladung von Petra.
Sophie freut sich darüber	**, dass sie zu Petras Geburtstagsfeier eingeladen ist.** (Objektsatz)

Angaben

Angaben sind **Satzglieder oder Satzgliedteile,** die im Satz nicht zwingend erforderlich sind. Sie können allerdings **als zusätzliche Angaben** den Satz genauer machen.
Mit der Abstreichprobe (↗ S. 80) lässt sich herausbekommen, welche Angaben im Satz nicht unbedingt erforderlich sind.

> Susanna, <u>die Schülerin aus der Klasse 9b</u>, ähnelt <u>außerordentlich</u> ihrer <u>jüngeren</u> Schwester <u>aus der Klasse 6a</u>.
>
> Susanna ähnelt ihrer Schwester.

Die unterstrichenen Satzglieder und Satzgliedteile sind Angaben. Sie sind im Satz grammatisch nicht notwendig, machen ihn jedoch inhaltlich genauer.

Adverbiale Bestimmung/Adverbiale

(Umstandsbestimmung; lat.: zum Verb hinzutretend)
Das **Adverbiale** ist ein Satzglied, das die Umstände eines Geschehens näher bestimmt. Es ist nicht zwingend vom Prädikat gefordert, es lassen sich damit aber genauere Angaben machen.

> Miriam besucht **in den Ferien** **häufig** die Jugendbibliothek.

Folgendes kann man mit Adverbialien im Satz zum Ausdruck bringen.

- **Zeit und Zeitdauer** (Temporaladverbiale, adverbiale Bestimmung der Zeit)
  Hilfsfragen: Wann? Wie lange? Wie oft?
  BEISPIELE
  Sie kommt **heute.**
  Sie bleibt **bis Anfang Januar.**
  In dieser Zeit werden wir sie **selten** sehen.

- **Ort und Richtung** (Ortsadverbiale, adverbiale Bestimmung des Ortes)
  Hilfsfragen: Wo? Woher? Wohin?
  BEISPIELE
  Ich wohne **ganz oben.**
  Pia kommt **aus der Schule.**
  Am Nachmittag gehen wir **ins Eisstadion.**
- **Art und Weise** (Modaladverbiale, adverbiale Bestimmung der Art und Weise)
  Hilfsfrage: Wie?
  BEISPIEL Sie singt **schön.**
- **Grund** (Kausaladverbiale, adverbiale Bestimmung des Grundes)
  Hilfsfragen: Warum? Weshalb? Aus welchem Grund?
  BEISPIEL
  Toni kann **wegen einer Verletzung am Fußgelenk** nicht mitturnen.
- **Weitere Adverbialien:**
  - **Mittel** (Womit?)
    BEISPIEL Sie haben den Kasten **mit einem Schraubenzieher** aufgebrochen.
  - **Zweck** (Wozu? Zu welchem Zweck?)
    BEISPIEL **Zur Verbesserung der Atemluft** hatte die Geschäftsführung des Unternehmens verschiedene Maßnahmen vorgesehen.
  - **Folge** (Mit welcher Folge? Mit welcher Wirkung?)
    BEISPIEL Wir erledigten alle notwendigen Arbeiten **zu ihrer vollsten Zufriedenheit.**

Ein Adverbiale kann, ähnlich wie die nominalen Satzglieder Subjekt und Objekt, unterschiedlich gebaut sein; es kann ein Wort sein, eine Wortgruppe oder auch ein ganzer Satz (Nebensatz). Einen solchen Nebensatz, der in aller Regel durch eine Konjunktion eingeleitet wird, nennt man daher auch **Adverbialsatz.**

	Adverbiale Bestimmung/Adverbiale
Sie kommt	heute. nach dem Unterricht. **, nachdem der Unterricht vorbei ist.** (Adverbialsatz)

Die adverbiale Bestimmung als Wortgruppe oder als Nebensatz

Bei der Abfassung von Texten muss man sich manchmal überlegen, was stilistisch besser passt: die adverbiale Bestimmung als Wortgruppe oder als Nebensatz.

Nach der Reparatur des Autos fuhren sie in den Urlaub.
Nachdem das Auto repariert worden war, fuhren sie in den Urlaub.

Bei Inanspruchnahme der Vergünstigungen wird die Reise billiger.
Wenn man die Vergünstigungen in Anspruch nimmt, wird die Reise billiger.

Wegen eines Staus vor dem Tauerntunnel muss mit Verkehrsbehinderungen gerechnet werden.
Weil sich vor dem Tauerntunnel ein Stau gebildet hat, muss mit Verkehrsbehinderungen gerechnet werden.

Attribut

(Beifügung; Plural: die Attribute, lat.: das Beigefügte)
Attribute sind nähere Angaben und Erweiterungen im Satz. Sie haben meistens die Aufgabe, ein Nomen (Substantiv) näher zu bestimmen.
Das **Attribut** ist kein eigenständiges Satzglied wie Subjekt, Prädikat, Objekt und Adverbiale, sondern es ist **Teil eines Satzgliedes.**
Bei der Umstellprobe wird das Attribut zusammen mit seinem Bezugsnomen umgestellt.

Attribut Attribut Attribut

Einige Schüler **der 6b** lesen am liebsten **bunte** Comics.

Bunte Comics | lesen | **einige** Schüler **der 6b** | am liebsten.

Formen von Attributen

Das Attribut kann im Satz in unterschiedlicher Form auftreten. Die wichtigsten Möglichkeiten sind die folgenden:

- **Adjektiv oder Partizip als Attribut:** **fröhliche** Kinder, **spielende** Kinder
- **Nomen im Genitiv als Attribut:** der Ball **des Jungen**
- **Apposition:** Vanessa, **meine Freundin,** …
- **Präposition und Nomen:** der Junge **mit den blonden Haaren**
- **Adverb:** das Haus **dort**
- **Relativsatz:** Frau Borgmeier, **die seit zwei Jahren unsere Deutschlehrerin ist,** …

Der Relativsatz als Attribut heißt entsprechend auch **Attributsatz,** er wird in aller Regel durch ein Relativpronomen eingeleitet (↗ Relativsatz, S. 98).

In den folgenden Beispielen, die unterschiedliche Attribute enthalten, sind die Bezugsnomen jeweils durch einen Kasten gekennzeichnet und die zugehörigen Attribute sind fett gedruckt.

Obelix ist der **bärenstarke** Freund **von Asterix;** seine **geballte** Kraft fürchtet jedermann.
Oft erleben die beiden **gefährliche** Abenteuer.
Die Vertreter **des Dorfes** schiffen sich auf einer Galeere ein.
Muskulus, **ein Athlet,** trainiert für die Olympischen Spiele.
Tullus, **der zum Centurio aufgestiegen ist,** möchte den Römern zum Sieg verhelfen.

Manche **Attribute** können selbst wiederum durch Attribute bestimmt sein.

> Das **blonde** Mädchen **mit der roten Strähne im Haar** ist die Tochter **eines netten Bekannten.**

Funktion
Mithilfe von Attributen lassen sich Sätze und Texte inhaltsreicher und anschaulicher machen.

> *Beispiel für Text ohne Attribute:*
> Asterix und Obelix sind Freunde. Sie leben in einem Dorf. Asterix ist ein Krieger. Obelix isst am liebsten Wildschweinbraten.
>
> *Beispiel für Text mit Attributen:*
> Asterix und Obelix sind **gute** Freunde. Sie leben in einem **kleinen** Dorf **Galliens.** Asterix ist ein **lustiger kleiner** Krieger. Obelix, **ein Liebhaber von Hinkelsteinen**, isst am liebsten **schmackhaften** Wildschweinbraten.

LERNTIPP Mithilfe der Erweiterungsprobe (↗ S. 81) kannst du deine Texte bei der Überarbeitung genauer gestalten und unterschiedliche Attribute einbauen.
In dem folgenden Text sind die zusätzlich eingebrachten Attribute fett gedruckt.

> Das Leben in dem **kleinen gallischen** Dorf geht seinen **gewohnten** Gang. Obelix und sein Lehrling Idefix, der **umweltfreundliche Hund,** tragen Hinkelsteine aus. Asterix nimmt vor seiner Hütte ein **erquickendes** Sonnenbad.
> Im **befestigten** Römerlager, **das ganz in der Nähe liegt,** ist eine **aufregende** Nachricht **aus Rom** eingetroffen. Claudius Muskulus, **ein bekannter Athlet,** soll Rom bei den Wettkämpfen vertreten. Muskulus hält sich für einen **großen** Athleten, **der nicht besiegt werden kann.**
> Diese Kunde versetzt die Gallier in **helle** Aufregung. Majestix, **der Häuptling des Stammes,** will die Olympiamannschaft **der Gallier** begleiten.

Überblick: Satzglieder und ihre Attribute

Subjekt	Prädikat	Prädikativ	Objekt	Adverbiale Bestimmung
Nominativ: wer? was?	(Verb-Satzglied) was tut? was geschieht? was ist?	(Ergänzung zu den Verben: sein, bleiben, werden, heißen, scheinen)	Genitiv: wessen? Dativ: wem? Akkusativ: wen? was? Objekt mit Präposition (auf wen? usw.)	Zeit: wann? Ort: wo? Art und Weise: wie? Grund: warum? Zweck: wozu? Mittel: womit?
Attribut		**Attribut**	**Attribut**	**Attribut**

Jedes Satzglied, außer das verbale Satzglied Prädikat, kann durch ein Attribut näher bestimmt werden.

BEISPIELE

Felix	ist	ein **kluger** Fuchs.		
Der **aufmerksame** Autofahrer	bemerkt		das **spielende** Kind	in der **engen** Einfahrt.
Sie	schenkt		ihm / ein **tolles** Buch.	
Mareike	bleibt	meine **beste** Freundin.		
Timo	achtet		auf den **starken** Verkehr.	

Beispiele für Satzanalysen

In einem grammatisch vollständigen Satz müssen mindestens **Subjekt** und **Prädikat** vorkommen.

Der Schneemann	schmilzt .
Subjekt	**Prädikat**

Prädikate fordern oft bestimmte Objekte (Ergänzungen). Ein Satz ist grammatisch vollständig, wenn alle vom Prädikat geforderten Ergänzungen vorhanden sind.

Mein Bruder Karlo	putzt	sein Fahrrad .
Subjekt	**Prädikat**	**Objekt**

Ich	schenke	ihr	eine Kette .
Subjekt	**Prädikat**	**Dativobjekt**	**Akkusativobjekt**

Sie	wartet	auf ihn .
Subjekt	**Prädikat**	**Objekt mit Präposition**

Jeder Satz kann zusätzliche Angaben aufnehmen, nämlich weitere **Satzglieder** (Adverbiale) und **Satzgliedteile** (Attribute). Diese sind für die Genauigkeit der Aussage wichtig.

			Attribut
Wir	besuchen	euch	in den großen Ferien .
Subjekt	**Prädikat**	**Akkusativobjekt**	**Adverbiale der Zeit**

Attribut			
Seine kleine Schwester	widerspricht	ihm	oft .
Subjekt	**Prädikat**	**Dativobjekt**	**Adverbiale der Zeit**

Verben und ihre Objekte (Ergänzungen)

Die folgende Aufstellung zeigt Verben, die als Prädikate bestimmte Objekte fordern.

Verben	Geforderte Objekte
schwitzen, schlafen, filmen, regnen, weinen, verdunsten, erröten, rosten, frieren … **BEISPIEL** Er weint.	Es ist **kein** Objekt gefordert.
bauen, reinigen, loben, heben, verhauen, verschenken, verjagen, besuchen … **BEISPIEL** Der Junge besucht seine Freundin .	**Akkusativobjekt**
danken, begegnen, vertrauen, verzeihen, entsprechen, widersprechen, ähneln … **BEISPIEL** Sie ähnelt ihrem Bruder .	**Dativobjekt**
anvertrauen, zeigen, geben, schenken, schulden, ersparen, abkaufen, überlassen … **BEISPIEL** Der Vater schenkt ihr eine Kette .	**Dativobjekt/ Akkusativobjekt**
sich bemächtigen, harren, sich annehmen, bedürfen … **BEISPIEL** Er bedarf seiner Hilfe .	**Genitivobjekt**
achten auf, sich erinnern an,warten auf, bangen um, sprechen mit … **BEISPIEL** Er spricht mit seinen Freunden .	**präpositionales Objekt** (Objekt mit einer Präposition)
sein, werden, bleiben **BEISPIEL** Sie wird Lehrerin .	**Prädikativ**

Lerncheck

Kapitel „Satzglieder und ihre Aufgaben im Satz“	O.K. ✓	Das muss ich noch mal lesen
Ich kann das Subjekt im Satz benennen.		S. 83
Ich kann erklären, dass ein Subjekt unterschiedlich besetzt sein kann.		S. 83, 84
Ich kann das Prädikat im Satz benennen.		S. 84
Ich kann zwischen fallbestimmten Objekten und dem Objekt mit Präposition unterscheiden.		S. 86, 87
Ich kann unterschiedliche adverbiale Bestimmungen benennen und durch Fragen erschließen.		S. 88, 89
Ich kann erklären, dass adverbiale Bestimmungen unterschiedlich gebaut sein können.		S. 89, 90
Ich kann Attribute im Satz benennen.		S. 90, 91
Ich kann die Aufgaben von Attributen im Satz erklären.		S. 92
Ich kann unterschiedliche Formen eines Attributs nachweisen.		S. 91–93

4.4 Hauptsatz und Nebensatz (Gliedsatz)

Hauptsatz

Als Hauptsatz (auch Trägersatz oder Basissatz) bezeichnet man einen Satz, der selbstständig stehen kann.
Der Hauptsatz kann Aussagesatz, Fragesatz oder Aufforderungssatz sein (↗ Satzarten, S. 75–77).

BEISPIELE

Sie fragte ihn, ob er heute komme.
Kommst du heute?
Komm doch mit!

Manchmal ist im Rahmen eines Satzgefüges (↗ S. 99) der Hauptsatz grammatisch unvollständig, dennoch ist dann der Nebensatz vom **Hauptsatz** abhängig.

BEISPIEL Dass du kommst, **freut uns alle.**

Nebensatz (Gliedsatz)

Der Nebensatz ist einem **Hauptsatz** oder Trägersatz angegliedert und untergeordnet (daher auch die Bezeichnung Nebensatz).

Die Deutschstunde **wird morgen nachgeholt.**
, die heute ausfällt,

Einen **Nebensatz** kann man in der Regel daran erkennen, dass die **Personalform des Verbs am Schluss** steht.

BEISPIEL Leider haben wir uns verspätet, sodass wir jetzt vor verschlossenen Türen **stehen.**

Die manchmal auch gebrauchte Bezeichnung Gliedsatz ist so zu erklären: Er kann im Satz oft die Rolle eines Satzgliedes einnehmen, und zwar als **Subjektsatz** (↗ S. 83), **Objektsatz** (↗ S. 87), **Adverbialsatz** (↗ S. 89–90), **Attributsatz** (↗ S. 91).

BEISPIEL für eine adverbiale Bestimmung als Wortgruppe (Satzglied) und als Nebensatz (Adverbialsatz):

> Wenzel kann heute **wegen seiner Verletzung** nicht mitspielen.
> (Satzglied: Wortgruppe)
>
> Wenzel kann heute nicht mitspielen, **weil er verletzt ist**.
> (Nebensatz: Adverbialsatz)

Formen von Nebensätzen (Gliedsätzen)

Nebensatz (Gliedsatz)	Beispiel
Konjunktionalsatz Nebensatz, der durch eine unterordnende Konjunktion wie *weil, nachdem, dass* eingeleitet wird	**Er freut sich,** weil sie heute kommt.
Relativsatz Nebensatz, der durch ein Relativpronomen oder durch Präposition + Relativpronomen eingeleitet wird: *der, die, das/ welcher, welche, welches/mit dem, für welche, auf die*	**Wir wollen zur Schulfete,** die um 19 Uhr beginnt. **Sie trifft Torsten,** mit dem sie noch etwas bespricht.
Nebensatz **mit W-Fragewort** *Wer? Wo? Warum? Wann?*	**Sie fragt ihn,** wann er kommt. **Er wusste nicht,** wo er war.
Nebensatz als **indirekte Rede**	**Jana hat gesagt,** sie komme auf jeden Fall.

BEACHTE Hauptsatz und Nebensatz werden immer durch ein **Komma** getrennt!

4.5 Satzverbindungen

Satzreihe

Hauptsätze kann man **mit Komma oder Semikolon** zu einer Satzreihe verbinden. Damit wird verdeutlicht, dass die einzelnen Hauptsätze inhaltlich aufeinander bezogen sind.

BEISPIEL Es schellt, der Lehrer betritt die Klasse, der Unterricht beginnt.

Hauptsätze lassen sich auch **durch eine nebenordnende Konjunktion** (↗ S. 68) verbinden.

> Der Unterricht beginnt, **denn** es hat geschellt.
> Es hat geschellt, **daher** beginnt der Unterricht.
> Es hat geschellt **und** der Unterricht beginnt.

Satzgefüge

Hauptsatz und Nebensatz bilden zusammen ein Satzgefüge. Dabei können **unterordnende Konjunktionen** (als, weil, nachdem, ↗ S. 69) oder **Relativpronomen** Nebensatz und Hauptsatz miteinander verknüpfen oder aufeinander beziehen (↗ Relativsatz, S. 98).

> Cora und Hanno, **die** sich für heute noch verabreden wollen, tuscheln in der Pause miteinander.
> Sie wollen zusammen ins Schwimmbad fahren, **weil** heute schönes Wetter ist.
> **Als** es plötzlich anfängt zu regnen, fahren die beiden zur Eisdiele.

Wie die Beispiele zeigen, kann der Nebensatz an verschiedenen Stellen des Satzgefüges stehen.

Komplexes Satzgefüge

Im Gegensatz zu einem einfachen Satzgefüge (↗ S. 99) können in einem komplexen Satzgefüge **Hauptsätze** und Nebensätze zusammengeordnet sein.

1 Nachdem Cora, die mit einem Fahrrad angefahren kam, Hanno gefragt hatte, ob er mitkommen wolle, **lief dieser schnell in den Fahrradkeller,** weil dort noch sein Fahrrad stand, das er gestern dort abgestellt hatte.

2 **Johanna,** die eigentlich mit Lars ins Kino wollte, **gab diesem einen Korb,** als sie entdeckte, dass an diesem Abend im Fernsehen das Endspiel im Tennis übertragen wurde, auf das sie sehr gespannt war.

3 Als Tina erfuhr, dass ihre Freundin Klara an der Wanderfahrt nicht teilnehmen wollte, **zog sie ihre Zusage,** die sie schon vor einigen Monaten gegeben hatte, **wieder zurück.**

4 **Pia wollte zur Bücherei, aber Kim,** die ihren Freund Lars noch sprechen wollte, **zog es in die Eisdiele,** weil Lars dort wahrscheinlich mit Georg und Tom saß.

Lerncheck

Kapitel „Hauptsatz und Nebensatz, Satzverbindungen“	O. K. ✓	Das muss ich noch mal lesen
Ich kann die Bezeichnungen *Hauptsatz* und *Nebensatz* erklären.		S. 97
Ich kann in einem Satzgefüge einen Hauptsatz und einen Nebensatz unterscheiden und benennen.		S. 97
Ich kann nachweisen, dass ein Satzglied im Satz oft durch einen Nebensatz ersetzt werden kann.		S. 98
Ich kann einen konjunktionalen Nebensatz von einem Relativsatz unterscheiden.		S. 98
Ich kann weitere Formen von Nebensätzen unterscheiden		S. 98
Ich kann eine wichtige Regel für die Kommasetzung im Satzgefüge nennen.		S. 98
Ich kann erläutern, was eine Satzreihe ist.		S. 99
Ich kann eine nebenordnende Konjunktion benennen.		S. 99
Ich kann ein Satzgefüge erklären.		S. 99
Ich kann eine unterordnende Konjunktion erkennen und benennen.		S. 99
Ich kann in einem komplexen Satzgefüge zwischen Haupt-und Nebensätzen unterscheiden.		S. 100

5 Überblick: Wortarten, Satzglieder und Satzarten im Zusammenhang

Satz	Der	kleine	Junge	schenkt	heute
Wortarten	best. Artikel	Adjektiv	Nomen/ Substantiv	Verb	Adverb
Satzglieder und ihre Aufgaben im Satz		Attribut Subjekt		Prädikat	Temporaladverbiale
Satzart	Hauptsatz				

Satz	weil	diese	ihm	gestern
Wortarten	Konjunktion	Demonstrativpronomen	Personalpronomen	Adverb
Satzglieder	verknüpft den Nebensatz mit dem Hauptsatz	Subjekt	Dativobjekt	Temporaladverbiale
Satzart	Nebensatz			

seiner	besten	Freundin	einen	roten	Lutscher,
Possessiv-pronomen	Adjektiv	Nomen/ Substantiv	unbest. Artikel	Adjektiv	Nomen/ Substantiv
	Attribut			Attribut	
	Dativ-objekt			Akkusativ-objekt	

ein	gelbes	Bonbon	gegeben hat.
unbestimmter Artikel	Adjektiv	Nomen/ Substantiv	Verb
	Attribut		
	Akkusativ-objekt		Prädikat

6 Sprachliches Handeln

Sprechen ist eine **Art des Handelns.** Vor allem in Gesprächssituationen wird deutlich, dass Menschen (wie bei Handlungen allgemein) etwas tun.

- Auch beim Sprechen geht es um einen Sachverhalt.
- Das Sprechen erfolgt in einer bestimmten Situation.
- Es hat Voraussetzungen und Folgen.
- Es ist durch Absichten geleitet; man kann dementsprechend Arten des sprachlichen Handelns unterscheiden:
  jemanden beeinflussen, fragen, warnen, auffordern, trösten, etwas bestreiten, bezweifeln, jemandem etwas raten, sich entschuldigen usw.
- Es geht beim Sprechen mit einem anderen immer auch um einen Beziehungsaspekt (↗ Sprache und Kommunikation, S. 9); das heißt, soziale und persönliche Beziehungen setzen Bedingungen für sprachliche Handlungen.

6.1 Satzarten und Sprechabsichten

Mit den verschiedenen Satzarten (↗ Vom Satz, S. 75–77) lassen sich bestimmte **Sprechabsichten** zum Ausdruck bringen.

Satzart	Sprechabsicht
Aussagesatz	etwas mitteilen
Fragesatz	jemanden fragen
Aufforderungssatz	jemanden zu etwas auffordern

Unabhängig von diesen grundsätzlichen Verbindungen zwischen Satzart und Äußerungsabsicht können jedoch mit jeder Satzart unterschiedliche Äußerungsabsichten verfolgt werden. Dies hängt davon ab,

- **wer** die Äußerung macht,
- **wem** gegenüber der Sprecher sie macht,
- **wann** sich ein Sprecher äußert,
- **wo** er sich äußert,
- **warum** er sich äußert.

BEISPIEL Die **Frage** des Lehrers „Darf ich mal dein Heft sehen?" ist als höfliche Aufforderung an den Schüler gemeint, ihm das Heft zu geben. Das heißt, man kann auch mit einer Frage eine Aufforderung aussprechen.

Die **Aufforderung** an den Schüler, ihm das Heft zu geben, kann der Lehrer auf unterschiedliche Weise und mithilfe unterschiedlicher Satzarten formulieren:

Das Heft bitte!
Zeig mir dein Heft!
Ich schaue mir mal dein Heft an.
Dürfte ich mal dein Heft sehen?
Wärst du so freundlich, mir mal dein Heft zu zeigen?
Dein Heft habe ich noch nicht gesehen.

6.2 Gespräche

Gespräche zwischen einzelnen Personen können unter folgenden Gesichtspunkten betrachtet werden:
- Wer nimmt an dem Gespräch teil?
- Um welchen Inhalt geht es?
- Wie schätzen sich die Beteiligten ein?
- Wer führt im Gespräch und gibt die aktiven Kommentare, wer reagiert eher?
- Wie stehen die Beteiligten zueinander? Wie ist ihre Beziehung?
- Welche soziale Rolle spielen sie?
- Welche Absichten und Erwartungen haben die Gesprächspartner?

Durch die Wahl bestimmter **verbaler, halbverbaler und nonverbaler Verständigungsmittel** kann ein Gesprächspartner deutlich seine Absichten, seine Urteile, Einschätzungen zum Ausdruck bringen. Zum Beispiel
- durch unterschiedliche, fein abgestufte **Formen von Aufforderungen** (Rat, Hinweis, Bitte, Befehl ...);
- durch den **Gebrauch von Modalverben** (↗ S. 39) und den Gebrauch des Konjunktivs (↗ S. 33–35) (Du kannst mitkommen! Du könntest mitkommen! Möchtest du mitkommen? Wenn du doch mitkommen würdest!);
- durch **sprachbegleitende Mittel** (wie Betonung, Lautstärke) oder **körpersprachliche Mittel** (Gestik, Mimik, Körperhaltung), durch die jeder Gesprächspartner auf seine Umgebung wirkt.

Weil wir unser gewohntes Verhalten meistens selbst nicht bewusst registrieren, ist uns die Reaktion des anderen oft unverständlich. Dabei kann es durchaus sein, dass das aggressive Verhalten eines anderen auch an uns selbst liegen kann. Es ist deshalb notwendig, die eigenen Körpersignale zu kontrollieren.

Hier einige Beispiele für mögliche Bedeutungen körpersprachlicher Signale:

Körpersprachliches Signal	Mögliche Bedeutung
Augenbrauen heben	Wachsamkeit/Betonung: „Was ich sage, ist wichtig!"
Fehlender Blickkontakt	Unsicherheit
Brille zurechtrücken	Sprecher will Zeit gewinnen
Brille hastig abnehmen	Erregung
Kopf senken	Enttäuschung
Hand zur Faust ballen	Wut, Entschlossenheit, Selbstbehauptung
Hand in die Hosentasche stecken	Unsicherheit, Überheblichkeit
Mit den Füßen wippen	Angespanntsein, Ungeduld
Mit dem Bleistift oder anderen Gegenständen spielen	Verlegenheit, Unsicherheit

Lerncheck

Kapitel „Sprachliches Handeln“	O. K. ✓	Das muss ich noch mal lesen
Ich kann erklären, dass Sprechen eine Form des sprachlichen Handelns ist.		S. 104
Ich kann ein Beispiel dafür nennen, dass man auch mit einem Fragesatz jemanden auffordern kann.		S. 105
Ich kann erläutern, dass man auf unterschiedliche Weise und mithilfe unterschiedlicher Satzarten Sprechabsichten zum Ausdruck bringen kann.		S. 105
Ich kann begründen, warum in einem Gespräch neben verbalen Verständigungsmitteln auch sprachbegleitende und körpersprachliche Mittel eine Rolle spielen.		S. 106
Ich kann erklären, warum uns bei Missverständnissen die Reaktion des anderen oft unverständlich erscheint.		S. 107
Ich kann die Bedeutung körpersprachlicher Signale erklären.		S. 107

Sprache und Stil

7.1 Stilebene/Stilniveau

Der Stil einer Sprachäußerung wird u.a. durch die **Wortwahl** bestimmt. Auch **Satzbau, Klang, Rhythmus** und **Sprachvarianten** tragen zum Stilniveau eines Textes bei.
Man unterscheidet:

- **einfachen, sachlichen Stil**

  BEISPIELE
  Gehen Sie heute mit?
  Ein schnelles Pferd, und zwar ein Rappe …
- **gehobenen Stil**

  BEISPIELE
  Würden Sie die Liebenswürdigkeit besitzen, mich heute zu begleiten?
  Ein königliches Ross, schnell wie der Wind und glänzend schwarz wie Ebenholz …

Weitere Einflüsse auf den Stil:

- die *Person* des Sprechers/Schreibers und seine individuellen Eigenarten (**Individualstil**),
- die *Zeit,* in der ein Text entstanden ist (**Zeitstil**),
- der Gebrauchszusammenhang, die *Aufgabe,* die er hat (**Funktionalstil**), beispielsweise die Sprache der öffentlichen Rede, die Sprache der Werbung/der Presse, die Sprache im Alltag, die poetische Sprache der Literatur.

In den nachfolgenden Beispielen verstoßen die Schreiber unfreiwillig gegen die Regeln der Stilkunst. Man spricht bei solchen zum Schmunzeln anregenden unfreiwilligen Verstößen auch von **Stilblüten.**

1 Ein Bumerang ist, wenn man ihn wegwirft, und er kommt nicht wieder, dann war es keiner.
2 Gestern musste ich noch bis halb 12 Uhr nachts lernen, obwohl ich schon eingeschlafen war.
3 Wir gingen auch ins Elefantenhaus. Mit seinem Rüssel auf- und niederschlagend führte der Wärter den Elefanten vor.

Im Rahmen eines bestimmten Sinnzusammenhangs lässt sich auch ein **Stilniveau** unterscheiden.

Stilebene	Beispiel
normalsprachlich	sterben
dichterisch-poetisch	dahinscheiden
gehoben	ableben
umgangssprachlich	abkratzen
derb/vulgär	verrecken

Mit **Stilfärbungen** können Gefühle angezeigt werden.

Gefühle	Beispiele
scherzhaft	im Adamskostüm
spöttisch	neunmalklug
negativ wertend	aufgetakelt

7.2 Stil und Wortarten

Auch der Gebrauch einzelner Wortarten prägt einen Stil in besonderer Weise. Wenn ein Text besonders viele Nomen/Substantive und Nominalisierungen enthält, spricht man von **Nominalstil/Substantivstil** (↗ S. 54).
Dieser wirkt im Alltag eher unschön, in der Sprache der Verwaltung und Justiz hat er jedoch oft seine Berechtigung.

> Die Beschäftigung von Kindern ist verboten. Das Verbot gilt nicht:
> 1) für die Beschäftigung von Kindern zum Zwecke der Beschäftigungs- und Arbeitstherapie,
> 2) im Rahmen des Betriebspraktikums während der Vollzeitschulpflicht.
>
> (Aus dem Jugendarbeitsschutzgesetz)

In Texten, in denen es besonders auf eine erzählte Handlung ankommt, ist ein **Verbalstil** besonders wichtig.

Adjektive sind dann ein gutes Stilmittel, wenn genaue Unterscheidungen zu treffen sind, z. B. in fachsprachlichen Texten.
Als ungenaue, rein schmückende „Allerweltswörter“ (schön, jung, echt, toll) können sie auch das genaue Gegenteil eines guten Stils sein, etwa in bestimmten Unterhaltungsromanen.

> Auf Schloss Berghöhe wurde die Hochzeit des hübschen jungen Grafen mit seiner wunderschönen Braut Linda von Reichenhagen gefeiert. „Bist du jetzt ganz glücklich?", fragte die schöne und zarte junge Frau, während sich die beiden glücklichen Jungvermählten zu den weichen, einschmeichelnden Klängen eines langsamen Walzers drehten …

7.3 Stil und Satzbau

Auch die Verwendung bestimmter **Satzmuster** wirkt stilprägend. Man unterscheidet

- **parataktischen Stil** (überwiegende Verwendung von Satzreihen) und
- **hypotaktischen Stil** (überwiegende Verwendung von Satzgefügen).

Parataktisch:
Die Sonne scheint. Ulrich und Ulrike gehen im Park spazieren. Eine große Trauerweide hängt über dem Teich. Schwäne und Enten schwimmen umher und gründeln …

Hypotaktisch:
Während die Sonne scheint, gehen Ulrich und Ulrike im Park spazieren, vorbei an einer großen Trauerweide, deren Äste weit über dem Teich hängen, auf dem Schwäne und Enten umherschwimmen und gründeln …

Lerncheck

Kapitel „Sprache und Stil“	O.K. ✓	Das muss ich noch mal lesen
Ich kann unterscheiden zwischen einfachem/sachlichem Stil und gehobenem Stil.		S. 109
Ich kann die Begriffe *Individualstil, Zeitstil* und *Funktionalstil* erklären.		S. 109
Ich kann den Begriff *Stilblüte* erklären.		S. 110
Ich kann ein Stilniveau/eine Stilebene an einem Beispiel kennzeichnen.		S. 110
Ich kann erläutern, dass auch Wortarten einen Stil prägen können.		S. 111
Ich kann den Begriff *Nominalstil* erklären.		S. 111
Ich kann beurteilen, wann Adjektive im Text ein gutes oder ein weniger gutes Stilmittel sind.		S. 111
Ich kann einen parataktischen und einen hypotaktischen Stil unterscheiden.		S. 112

8 Verzeichnisse

8.1 Lateinisch-deutsches Verzeichnis grammatischer Begriffe

lateinisch	deutsch
Adjektiv	Eigenschaftswort, Wiewort
Adverb	Umstandswort
adverbiale Bestimmung	Umstandsbestimmung
Akkusativ	4. Fall
Akkusativobjekt	Ergänzung im 4. Fall
Aktiv	Tatform
Artikel	Begleiter, Geschlechtswort
Attribut	Beifügung
Dativ	3. Fall
Dativobjekt	Ergänzung im 3. Fall
Deklination	Beugung von Nomen
Demonstrativpronomen	hinweisendes Fürwort
flektieren	beugen
Flexion	Beugung
Futur	Zukunft
Genitiv	2. Fall
Genitivobjekt	Ergänzung im 2. Fall
Genus	grammatisches Geschlecht von Nomen

lateinisch	deutsch
Genus des Verbs Aktiv Passiv	Handlungsart des Verbs
Imperativ	Befehlsform
Imperfekt	Vergangenheit
Indefinitpronomen	unbestimmtes Fürwort
Indikativ	Wirklichkeitsform
Infinitiv	Grundform des Verbs
Interjektion	Ausrufewort, Empfindungswort
Interrogativpronomen	Fragefürwort
Kasus Nominativ Genitiv Dativ Akkusativ	Fall
Komparativ	Vergleichsstufe
Konjugation	Beugung von Verben
Konjunktion	Bindewort
Konjunktiv	Möglichkeitsform
Modus des Verbs Indikativ Konjunktiv Imperativ	Aussageweise des Verbs
Nomen	Namenwort, Hauptwort
Nominativ	1. Fall
Numerale	Zahlwort
Numerus Singular Plural	Anzahlform
Objekt	Ergänzung, Satzergänzung

lateinisch	deutsch
Partikeln	Fügewörter
Passiv	Leideform
Perfekt	vollendete Gegenwart
Personalpronomen	persönliches Fürwort
Plural	Mehrzahl
Plusquamperfekt	Vorvergangenheit, vollendete Vergangenheit
Positiv	Grundstufe
Possessivpronomen	besitzanzeigendes Fürwort
Prädikat	Satzaussage
Prädikativ	Ergänzung zu den Verben *sein, werden, bleiben, heißen*
Präposition	Verhältniswort
Präsens	Gegenwart
Präteritum	Vergangenheit
Pronomen	Fürwort
Reflexivpronomen	rückbezügliches Fürwort
Relativpronomen	bezügliches Fürwort
Singular	Einzahl
Subjekt	Satzgegenstand
Substantiv	Hauptwort, Namenwort
Superlativ	Höchststufe
Tempusform	Zeitform
Verb	Tätigkeitswort, Tunwort, Zeitwort

8.2 Deutsch-lateinisches Verzeichnis grammatischer Begriffe

deutsch	lateinisch
Anredefürwort	Anredepronomen
Anzahlform	Numerus
Ausrufewort	Interjektion
Aussageweise des Verbs	Modus des Verb
Befehlsform	Imperativ
Begleiter	Artikel
Beifügung	Attribut
besitzanzeigendes Fürwort	Possessivpronomen
beugen	flektieren
Beugung von Nomen	Deklination
Beugung	Flexion
Beugung von Verben	Konjugation
bezügliches Fürwort	Relativpronomen
Bindewort	Konjunktion
Eigenschaftswort	Adjektiv
Einzahl	Singular
Empfindungswort	Interjektion
Ergänzung	Objekt
Ergänzung im 2. Fall	Genitivobjekt
Ergänzung im 3. Fall	Dativobjekt
Ergänzung im 4. Fall	Akkusativobjekt
Fall	Kasus
1. Fall	Nominativ
2. Fall	Genitiv

deutsch	lateinisch
3. Fall	Dativ
4. Fall	Akkusativ
Fragefürwort	Interrogativpronomen
Fügewörter	Partikeln
Fürwort	Pronomen
Gegenwart	Präsens
Geschlechtswort	Artikel
grammatisches Geschlecht von Nomen	Genus
Grundform des Verbs	Infinitiv
Grundstufe	Positiv
Handlungsart des Verbs	Genus des Verbs
Hauptwort	Nomen, Substantiv
hinweisendes Fürwort	Demonstrativpronomen
Höchststufe	Superlativ
Leideform	Passiv
Mehrzahl	Plural
Möglichkeitsform	Konjunktiv
Namenwort	Nomen, Substantiv
persönliches Fürwort	Personalpronomen
rückbezügliches Fürwort	Reflexivpronomen
Satzaussage	Prädikat
Satzergänzung	Objekt
Satzgegenstand	Subjekt
Tatform	Aktiv
Tätigkeitswort	Verb
Tunwort	Verb

deutsch	lateinisch
Umstandsbestimmung	adverbiale Bestimmung
Umstandswort	Adverb
unbestimmtes Fürwort	Indefinitpronomen
Vergangenheit	Imperfekt, Präteritum
Vergleichsstufe	Komparativ
Verhältniswort	Präposition
vollendete Gegenwart	Perfekt
vollendete Vergangenheit	Plusquamperfekt
Vorvergangenheit	Plusquamperfekt
Wiewort	Adjektiv
Wirklichkeitsform	Indikativ
Zahlwort	Numerale
Zeitform	Tempusform
Zeitwort	Verb
Zukunft	Futur

Stichwortverzeichnis